들풀 위에 깃든 사랑

들풀 위에 깃든 사랑

지은이 | 홍동완
펴낸이 | 원성삼
표지 디자인 | 한영애
펴낸곳 | 예영커뮤니케이션
초판 1쇄 발행 | 2013년 8월 10일
2판 1쇄 발행 | 2025년 5월 12일
등록일 | 1992년 3월 1일 제 2-1349호
주소 | 03128 서울특별시 종로구 대학로3길 29, 313호(연지동, 한국교회100주년기념관)
전화 | (02)766-8931
팩스 | (02)766-8934
이메일 | jeyoung_shadow@naver.com
ISBN 979-11-89887-94-0 (04230)
ISBN 978-89-8350-849-2 (세트)

값 18,000원

모든 인간은 하나님의 형상을 닮은 존귀한 존재입니다. 사람은 인종, 민족, 피부색, 문화, 언어에 관계없이 모두 다 존귀합니다. 예영커뮤니케이션은 이러한 정신에 근거해 모든 인간이 존귀한 삶을 사는 데 필요한 지식과 문화를 예수 그리스도의 사랑으로 보급함으로써 우리가 속한 사회에 기여하고자 합니다.

산골농부목사 홍동완 묵상집

들풀 위에 깃든 사랑

홍동완 지음

예영

추천의 글

홍동완 목사님의 『들풀 위에 깃든 사랑』이 많은 사람의 사랑을 받아 재판하게 된 것을 진심으로 축하합니다. 홍 목사님은 홍천 도심리교회에서 교인들뿐만 아니라 지역의 주민들과 함께 지내면서 교회가 어떤 것인가를 말이 아니라 행동으로 보여주며 목회를 실천해 오셨습니다. 그 과정에서 경험한 하나님, 그의 피조세계인 자연, 하나님의 형상으로 지음받은 인간에 대한 진솔한 사랑 이야기는 맑고 깊은 샘에서 길어 올린 청정수를 독자들에게 마시게 할 것입니다.

목사님의 목회 이야기에서 깊은 인상을 받은 것은 지역 어르신들의 요청을 한 번도 거절하지 않았다는 것입니다. 그 이유는 거절하면 다시 부탁하지 않을 것이기 때문이라는 것이지요. 어떻게 그렇게 자신의 마음을 다스리며 살아갈 수 있을까 자문하다가, 하루에 세 번은 반드시 하나님 앞에 나아가 기도하는 영성의 시간을 지킨다는 말씀에 해답을 얻었습니다. 제가 삶에서 힘들고 속상한 일을 만날 때 홍동완 목사님을 떠올리며 마음을 추스르곤 합니다.

이번에 재판되는 책을 통해서 그동안 해오신 "깊은 영성으로 세상을 아름답게" 만들어가는 홍 목사님의 귀한 묵상과 삶, 사역이 이 책을 읽는 사람들의 삶을 풍성하게 만들어 갈 것입니다.

한국일 교수 (장로회신학대학교 은퇴, 선교학)

코로나 팬데믹 시절 우연한 기회에 '들풀 위에 깃든' 시리즈 사랑과 소망을 읽으며 글을 쓰신 목사님이 너무 뵙고 싶어 무턱대고 도심리교회를 찾아갔고, 그렇게 홍동완 목사님을 만났습니다. 자연 속 오감을 훑고 우러나온 목사님의 묵상과 영성의 글은 깊은 울림으로, 때로는 잔잔한 감동으로 믿음의 여정에 큰 위로였고 소망이었음을 고백합니다. 이 글을 빌려 『들풀 위에 깃든 사랑』 수정본 재판을 선뜻 허락하신 예영커뮤니케이션 원성삼 대표님께 무한한 감사를 드립니다.

이영실 집사

한 송이 꽃 안에는 우주를 내다보는 맑은 눈이 있습니다. 신음하는 이웃의 한숨을 홍천 골짜기 기도의 메아리로 바꾸는 성자의 가슴이 있습니다. 저랑 더불어 콩 심고, 풀 베며, 돌담 쌓고, 개울에서 물놀이하던 홍동완 목사님의 글에는 이 같은 맑고 성스러운 사랑이 있습니다.

이승록 선교사

하나님의 숨결을 만끽하는 멋진 글로 인하여 바쁘고 분주한 일상에서 주님이 주시는 행복한 여유와 풍성한 은혜를 체험할 수 있는 사랑의 책입니다. 날마다 퍼 올려도 마르지 않는 주님 복음의 생수로 인하여 수많은 영혼이 치유되고 회복되는 감동과 기쁨의 책입니다.

윤진희 장로 (간호사)

홍동완 목사님은 일상생활이 새록새록 묻어나는 글을 쓴다. 순간순간이 길러지는 마음의 섬세한 경로를 따라가면서 스스로 우려내고 싶은 생명의 의미와 가치를 순진하게 되찾아내서 진솔한 삶의 샘을 가득 채운다. 거기에는 다름 아닌 살아계신 하나님의 섭리를 발견하고 예수님처럼 천진난만하게 웃는 이들의 행복한 세상이 풍성하게 담겨 있는 듯하다.

이소리 선교사 (M국)

목회자이면서 농사꾼으로서 자연과 더불어 살아온 홍동완 목사의 글은 자연을 닮았다. 자연을 그대로 옮겨 놓은 글이기에 맑고 깨끗하다. 그의 글은, 읽은 독자로 하여금 어느덧 자연으로 난 영성의 숲길을 거닐게 하고 창조주와 조우하게 하는 힘이 있다.

이상명 목사 (LA 프레스티지 신학교 총장)

도심리 들풀 위에 깃든 믿음, 소망, 사랑을 접하며 이어진 순수하며 소박한 1월에서 12월 이야기와 겨울에서 봄으로 작은 평화에 감동을 받았습니다. 예수님 맘을 닮은 사랑을 실천하는 친구 목사님의 따스함을 마음에 새깁니다. 존귀하신 하나님께 감사합니다.

이인희 권사 (초등학교 친구)

홍 목사님 글은 수채화 같습니다. 소박하고 아름답습니다. 군더더기 없이 담백합니다. 그의 글은 도심리의 자연과 사람들 이야기입니다. 감동이 있고 울림이 큰 것은 그리스도의 향기를 머금었기 때문입니다. 마디마디 맑은 기도로 썼습니다. 도심리교회 동네에서 눈으로 보고 귀로 듣고 마음으로 깨달은 것이 있습니다. 세상을 바꾸는 힘은 어디서 오는지!

한석동 집사 (국민일보 전 논설위원)

자연 속에서 말씀하시는 하나님의 음성을 듣고 싶으신 모든 분께 이 책을 권해 드립니다.

김성준 장로 (한의사)

어린아이가 엄마의 따뜻한 품을 바라듯 주님의 품속 같은 자연과 더불어 저자의 때 묻지 않은 순수함을 새벽이슬 같은 영롱한 글 속에서 느낄 수 있고 메마른 사막 한가운데 샘물을 만난 것 같은 기쁨을 줍니다.

이은림 사모 (도심리교회)

들풀 향기

들풀이 되고 싶습니다. 들풀은 나의 천만 스승 중에 스승입니다. 들풀 앞에 서면 모르는 것이 너무 많아 저절로 고개가 숙여집니다.

들풀 위에 깃든 하나님의 사랑에서 부패하지 않은 사랑을 봅니다. 그 속에서 하나님의 측량할 수 없는 은총과 들풀들의 전적 순종을 봅니다.

짧은 인생 살아오면서, 주님의 일을 수행하면서, 주님이 주신 마음을 따라, 들풀과 같은 나에게 넘치도록 주신 하나님의 사랑의 마음을 가지고, '들풀 위에 깃든 사랑'이라는 편지글을 써 왔습니다.

이 글은 가난한 나의 삶이고, 철학이고, 신학이고, 신앙입니다. 졸저이지만 주변에 있는 들풀들의 반응은 참 다양했습니다. 그렇다고 해서 뜨거운 반응은 아닙니다. 그저 지나가는 산들바람에 풍기는 들풀 향기 정도입니다.

"현실감이 좀 떨어집니다."

"어린 시절 생각이 납니다."

"생각이 순수한 것 같아요."

"표현의 기교와 글쓰기의 전문 지식이 필요하겠습니다."

"마음에 큰 도전이 되었습니다."

"'들풀 위에 깃든 사랑', 이 말이 너무 좋아요."

이러한 들풀 같은 형제자매들의 마음을 책 속에 담았습니다. 위대한 글은 아니지만 삶의 정직을 표현했습니다.

책의 배열을 겨울, 가을, 여름, 봄으로 했습니다. 순서가 반대여서 좀 어색합니다. 이유가 있다면 괴나리봇짐 둘러매고 하나님을 찾고자 하는 갈망 때문입니다.

현존의 자리에서 현존의 근원을 찾아 나섰더니 그 자리에 하나님이 현존해 계셨습니다.

겨울의 원인은 가을이고, 가을의 원인은 여름이고, 여름의 원인은 봄입니다. 봄의 원인은 하늘이고 하늘의 원인은 하나님이십니다.

흐르는 세월에 몸을 맡기는 것이 아니라 모든 것의 원인과 근원이 되신 하나님을 찾아 나선 순례자의 마음을 담았습니다.

C. S. 루이스(Lewis)의 말과 같이 "하나님을 만나는 장소는 지금"이라는 시간입니다.

하나님의 현존과 연합함이 장소의 개념이 아닌 시간이라는 개념 앞에서 늘 갈급했습니다.

나의 하나님, 나의 친구, 나의 님이신 주님께 고개를 조아리고 움츠린 어깨 위로 부어지는 뜨거운 사랑을 받고 싶습니다.

바로 지금!

2025년 5월
사랑에 빚진 자 홍동완

● 차례 ●

1장 겨울, 겨울 개나리

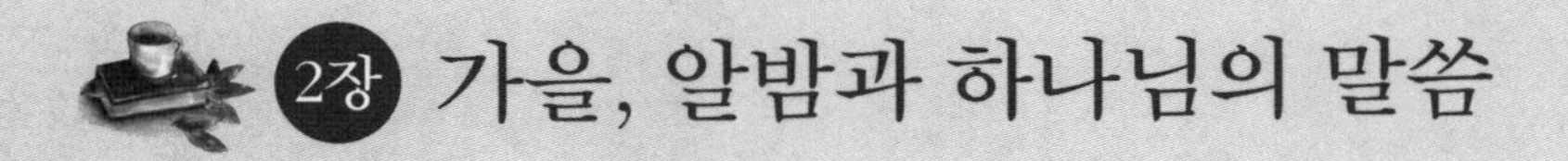

2장 가을, 알밤과 하나님의 말씀

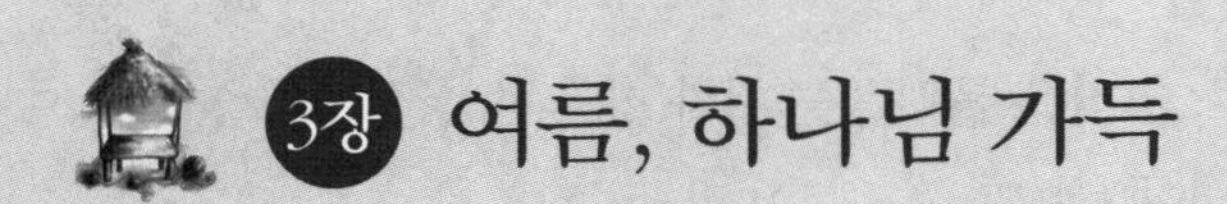

3장 여름, 하나님 가득

4장 봄, 새 이름 새 존재

5장 사계, 우주의 하모니

1장

겨울, 겨울 개나리

겨울 개나리

몹시 추운 겨울날이었습니다. 부드럽고 새하얀 눈이 밤새 작은 기침 소리 하나 없이 내렸습니다. 집 주변과 마을로 난 길의 눈을 치우기 위해 모자, 귀마개, 장갑, 마스크로 무장하고 밖으로 나갔습니다. 눈부시게 환한 눈 세상이 펼쳐져 있었습니다.

그런데 눈 위에 예쁜 아가씨의 작은 구두 발자국이 나 있었습니다. 이 산속에 웬 아가씨가 밤에 다녀갔을까? 매우 조심스럽게 다녀간 자국이었습니다. 아마도 가끔 마주칠 때마다 수줍어 도망치곤 했던 고라니일 것입니다. 고라니 아가씨는 경사가 가파른 산도 오르고 얼어 있는 개울도 건넜습니다. 낮에는 누구에게 들킬까봐 추운 밤에 몰래 돌아다녔습니다. 고라니는 멀리서 보면 노루처럼 보이지만 노루보다는 훨씬 작습니다. 동그랗고 놀란 눈을 가진 고라니는 노루보다 겁이 많습니다.

쌍으로 난 발자국도 있었습니다. 토끼 발자국입니다. 토끼는 꼭 두 발이 하나가 되어 뛰어다닙니다. 발자국이 눈에 끌리면서 깊이 박혀 있는 것으로 보아 다니는데 꽤 고생한 것 같습니다. 개 발자국도 보였습니다. 산 넘어 누에를 치는 최 씨 아저씨 개가 풀려서 돌아다닌다는 이야기를 들었는데 바로 그 개일 것입니다.

동물들이 돌아다닌 자국들이 여기저기 있었습니다. 뒤쫓아가 보았습니다. 똑바로 간 발자국은 하나도 없었습니다. 가다가 온갖 참견을 다하면서 간 자국들이었습니다. 쉬었다 가기도 했습니다. 노랗게 소변 본 자국이 눈 위에 선명했습니다. 이불에 울릉도 지도를 그려 놓은 것과 같은 것도 있고, 밤하늘을 수놓은 수많은 별들처럼 흩어져 있는 소변 흔적도 있었습니다. 산짐승들은 보이지 않고 오직 그들이 남겨 놓은 흔적만 남아 있었습니다. 부엌문 앞에 있는 강아지 밥그릇에는 살쾡이가 다녀간 자국도 있었습니다.

눈이 수북이 쌓인 세상에 수많은 동물들의 흔적이 남아 있었습니다. 동물들의 발자국을 쫓아가다가 나도 흔적을 남겨 보고 싶은 생각이 들었습니다. 그래서 숨을 크게 들이마시고 얼굴을 눈에 파묻어 얼굴이 시리다 못해 저려올 때까지 있다가 떼자 얼굴 모양이 드러났습니다. 코가 제일 선명하게 보였습니다. 집집마다 굴뚝에서 솜털 같은 하얀 연기가 피어오릅니다. 아름다운 겨울 풍경화를 하나님이 그려 놓으셨습니다. 하나님의 그림은 살아 있는 그림입니다. '흰 눈으로 덮여 있는 것처럼 온 세상이 하나님의 사랑으로 덮여야 할 텐데….'

추운 겨울이 잠시 물러난 듯, 날씨가 따뜻해졌습니다. 차갑던 햇볕이 따뜻한 볕으로 변했습니다. 이런 포근한 분위기를 돌담을 붙들고 있는 개나리가 제일 먼저 알려 줍니다. 개나리는 노랗게 봉오리가 생기더니 곧 노란 꽃을 활짝 피웠습니다. '어쩜 저렇게 빨리도 필 수 있을까?' 개나리는 날씨가 조금만 따뜻해져도 곧 반응하여 꽃을 피웁니다. 가지마다 곧 터질 것 같은 꽃봉오리가 생겨났습니다. 개나리는 잎이 나기 전에 꽃을 먼저 피웁니다.

하나님이 인간을 참 오묘하게 만드셨습니다. 창세기에서 하나님이 인간을 흙으로 만드시고 생기를 불어 넣어 주실 때 복수(複數)의 생기(히브리어의 '생명' '하이[khahee]'의 복수형태인 '하임[khaheem]')를 주셨습니다(창 2:7). 그래서인지 인간의 내면은 다양합니다. 천 길 물 속은 알아도 한 길 사람 속은 알 수 없습니다. 성령으로 거듭났음에도 불구하고 육신에 속한 수많은 마음이 존재합니다.

신약성경에서는 주로 영, 혼, 육으로 인간의 내면을 묘사합니다(살전 5:23). 성령으로 거듭난 영은 하나님을 예배하며 찬양하기를 기뻐하지만 육에 속한 마음은 육신의 욕심을 따라 살려고 합니다. 이 둘 사이에 긴장과 싸움이 늘 있습니다. 성령에 의한 거듭남과 성령 충만한 삶을 사는 것 사이에는 차이가 있습니다. 성령에 의한 거듭남은 신분의 변화를 의미합니다. 성령으로 거듭난 사람은 그 후에 성령으로 전인격을 지배하고 통제하는 삶을 살아야 합니다. 그렇지 않으면 성령으로 거듭났음에도 불구하고 육신의 욕심에 점령 되어진 삶을 살게 됩니다.

죄는 항상 기회를 타서 우리에게 접근해 옵니다(롬 7:8, 11).

한번 구원은 영원한 구원입니다(히 5:9, 10:14; 롬 8:38-39). 한번 성령으로 거듭남은 영원한 거듭남입니다. 이것은 어떤 것에 의해서도 파기되거나 취소될 수 없습니다. 거듭남은 자신의 영혼 구원을 위한 것이라면 거듭남 이후의 성령 충만한 삶은 다른 영혼의 거듭남을 위한 것입니다. 나의 구원과 다른 사람의 구원은 주님이 보실 때에 동등합니다. 거듭난 하나님의 사람도 죄를 지을 수 있습니다. 거듭난 우리 영이 죄를 범한다기보다는 우리 안에 있는 육에 속한 부분이 죄를 범하는 것입니다.

추운 겨울에 어떤 모습도 보이지 않다가 날씨가 따뜻해지자 개나리가 속히 꽃을 피우는 것처럼 육에 속한 나의 내면은 육신이 좋아하는 분위기만 만들어진다면 육신의 정욕과 안목의 정욕과 이생의 자랑의 욕망들이 버글버글거리면서 올라옵니다. 성령의 사람, 거듭난 사람에게는 참으로 부끄러운 일입니다. 겨울 개나리를 바라보면서 나의 육신을 쳐 복종하게 하고, 성령께서 나의 전인격을 다스리도록 주님만을 의지합니다.

작은 불편을 즐기자

우리의 영적 성장은 의외로 보잘것없게 여겨지는 곳에서 이루어질 수 있습니다. 현대문명은 극도의 편리주의를 지향하고 있고 이것은 쾌락주의와 허무주의로 이끕니다. 인간은 더 나은 삶을 위해 끊임없이 노력합니다. 토마스 머튼(Thomas Merton)이 말한 것처럼 "우리는 허무한 것들 속에서 자신을 소모하다가 죽어간다"는 표현이 꼭 맞는 것 같습니다. 하루를 돌아보면 나의 생각이 얼마나 허무한 것들로 가득 차 있으며, 허무한 일들에 바쁘고, 허무한 것에 나의 모든 열정을 쏟고 있는지 알 수 있습니다.

하나님과의 친밀한 교제는 우리 육체의 절제 없이는 이루어질 수 없습니다. 하나님이 때로 우리에게 시련을 주는 이유는 사랑하기 때문입니다. 시련은 '허무한 것들'에게서 벗어나게 합니다. 시련은 우리의 영혼을 자극해서 허무한 것들로부터 벗어나서 영원한 생명을 바라보게 합니다. 그러므로 우리가 죽음을 사랑해서가 아니라 생명을 사랑하기 때문에 시련을 사랑해야 합니다.

우리 주위에 있는 작은 불편을 받아들일 수만 있어도 놀라운 영적 성장의 기회를 가질 수 있습니다. 하나님과 친밀하게 동행했던 사람들의 깊은 영성은 우리와 다른 환경이라기보다는 그들의 삶의 불편을 불편으로 여기지 않고 오히려 그것을 받아들이고 즐겼다는 데 있습니다. 오히려 그들은 불편함 속으로 자원해서 들어갔습니다.

주일 예배 후 마을에 심방을 갑니다. 심방을 할 때마다 늘 차를 타고 다녔습니다. 그러다가 옛 믿음의 선배들이 복음을 들고 산과 들을 발로 다닌 것을 생각하면서 걸어 다니기로 했습니다. 공동체에서 마을의 가장 먼 곳은 약 4.5km가 됩니다. 왕복으로는 약 두 시간 거리입니다. 걸으면서 기도하고 방문할 가정을 위해 먼저 중보기도할 수 있어서 참 좋습니다. 차를 타고 다니면서 보지 못했던 것들을 보게 되었고, 느끼지 못했던 것들을 느끼게 되었습니다.

주님도 늘 걸어 다니셨습니다. 주님이 해야 할 일들이 많다고 해서 당시의 최고의 교통수단이었던 말을 타고 다니지 않으셨습니다. 주님은 걸으시면서 하나님께 계속 기도하셨을 것입니다. 그것 만큼 훌륭한 기도 시간은 없습니다. 마을 주민들은 내가 차를 가지고 오지 않은 것에 대해 매우 놀라면서 “목사님, 제가 차로 모셔드릴까요?”라고 말하는 분들도 있습니다. 지금 농촌은 많은 부분이 기계화되어 있습니다. 밭 가는 트랙터, 풀 깎는 예초기, 나무 자르는 엔진 톱 등입니다. 조금이라도 불편한 것을 최소화시키려는 의도에서 농기계를 구입합니다.

공동체 기도의 집의 난방 시설은 나무로 하는 화목 난로입니다. 생각만큼 성능이 썩 좋지 못합니다. 그래서 겨울에 기도의 집 난방을 하는 데는 시간도 많이 걸리고 쉽지 않습니다. 새벽기도 시간이 제일 큰 어려움입니다. 새벽에 불을 붙이는 것도 어렵지만 불을 잘 돌보지 않으면 쉽게 타 버리고 열은 오래 지속하지 못합니다. 많은 경우 새벽에는 불을 지피지 않고 기도회를 해야 합니다. 때로는 기도의 집에 가지 않을 때도 있습니다. 춥다고 몸을 움츠리고 새벽기도 시간을 갖지 않게 되자 나의 영성에 큰 영향을 받게 되었습니다.

어느 날, 비록 춥더라도 '기도의 집'에 가서 기도의 무릎을 하나님 앞에 꿇기로 했습니다. 이것이 나의 불편함을 감수하려는 자세였습니다. 느낌으로는 기도가 잘 안 되는 것처럼 여겨질지라도 하나님께 마음을 두고 앉아 있는 시간이 은혜가 되었습니다. 기도는 하나님을 향한 나의 마음입니다. 기도는 하나님이 나와 함께하는 은총입니다. 하나님은 나보다 먼저 그곳에 계십니다. 하나님은 어떤 시간, 어떤 환경에 관계없이 존재합니다. 무소부재하시는 하나님을 만나기 위해서는 우리들 자신도 무소부재한 영성을 소유해야 합니다. 하나님과의 연합을 위해 시간, 장소 혹은 환경으로 제한하지 말아야 합니다.

우리와 하나님과의 연합을 방해하는 수많은 환경들이 있습니다. 가장 근본적인 것은 죄가 만들어 내는 환경입니다. 우리가 죄의 환경 가운데 쉽게 빠져드는 것은 죄가 주는 매력 때문입니다. 죄는 결코 우리들을 두렵게 만들지 않습니다. 오히려 죄는 우리에게 최고의 행복과 만족을 줄 것이라고 약속합니다. 그것은 광명의 천사로 우리에게 다가옵니다. 그리고 하나님 안에서 얻을 수 없는 기쁨을 줄 수 있다고 유혹합니다. 우리가 죄를 짓는 가장 큰 이유는 죄가 우리들에게 주는 거짓 약속들 때문입니다. 마귀는 우리에게 불편한 환경을 피하라고 합니다. 죄는 우리들에게 쉽게, 편하게 거짓을 행하라고 유혹합니다. 죄 가운데 있는 사람들은 땀과 눈물을 좋아하지 않습니다. 죄는 궁극적으로 우리와 하나님 사이를 갈라놓습니다. 하나님과 나 사이에서 제 삼자인 죄는 끊임없이 우리 안에서 활동합니다.

하나님과 연합하지 못하게 하는 것은 바로 '나'라는 환경입니다. 나의 최대의 적은 바로 나 자신입니다. 어떤 환경도 극복하지 못할 환경은 없습니다. 바로 나만 극복한다면 모두 극복할 수 있습니다. 작은 불편함의 환경을 넘어서는 것은 바로 '나'라는 환경을 넘어서는 것입니다. 눈이 오나 비가 오나 맨발로 다니면서 복음을 증거했던 성 프란치스코에게는 눈이, 빙판길이, 그를 움직이지 못하게 하는 환경이 되지 못했습니다.

한국의 프란치스코라고 불리는 이현필 선생은 남원에서 지리산 줄기 "서리내"라는 산중에서 엎드려 기도할 때면 종일 땅에 엎드려서 일어날 줄 몰라 산의 까마귀들이 죽은 송장인 줄 알고 날아와 뜯어 먹으려고 부리로 쪼아댔다고 합니다.

동일한 환경이지만 그것을 이기는 것은 바로 나 자신을 이기는 것과 같은 것입니다. 수많은 믿음의 사람들이 일부러 금욕과 고난의 환경 가운데로 들어간 이유는 바로 그 환경을 이기기 위해서가 아니라 자신을 이기기 위해서입니다. 이것을 안다면 영적 여정에서 가장 큰 적은 바로 자기 자신임을 알 수 있습니다. 자신의 영적 무기력을 어느 누구에게도 핑계할 수 없고 어떤 환경 탓으로 돌릴 수도 없습니다.

하나님과 연합을 위해 이제 주변에 있는 작은 불편을 피하려고 하지 말고 받아들여 보십시오. 무엇보다도 그것을 하나님의 메시지로 받아들이십시오. 거기에는 우리를 향한 놀라운 하나님의 사랑이 있음을 알게 될 것입니다. 편한 안락의자에서 뛰어 일어나 딱딱한 바닥에 무릎을 꿇어 보십시오. 원수 앞에서 용기를 내어 "미안하다, 나를 용서해라"라고 말해 보십시오. 그러면 수문을 열었을 때 뿜어 나오는 댐의 물처럼 막혀 있던 하나님을 향한 우리의 열정이 살아나게 될 것입니다. 대문을 여는 데는 대문보다 몇 백 배 작은 열쇠면 충분합니다. 불편이라는 작은 열쇠를 사용해 보십시오.

인정(認定)

마을 반상회가 있던 날이었습니다. 1년을 총결산하고 새로운 마을 일꾼을 뽑았습니다. 그동안 잘 보이지 않던 노재이골 이 씨 할머니도 오셨고, 아랫마을 이장님도 오셨습니다. 얼굴은 보름달처럼 둥글고 거기다가 대머리인 김 반장님이 회의를 진행했습니다. 1년 동안 있었던 행사들과 재정보고가 있은 후에, 김 반장님은 목소리를 약간 높이면서 눈을 동그랗게 뜨고 주민들을 바라보며 말했습니다.

"이제 내년도에 일할 마을 반장님을 뽑겠습니다. 추천들 해 주세요."

마을 사람들은 눈동자를 뱅글뱅글 돌리면서 이리저리 두리번거렸습니다. 잠시 침묵이 있는 듯하더니 최 씨 아저씨가 자기가 말하겠다는 표시로 오른손을 머리 위로 치켜들었습니다.

"어제 제가 큰 홀애비골에 사는 김 씨를 만났습니다. 그래서 내년도 우리 마을 반장에 대해 의견을 나누었습니다. 결론은 홍 목사님이었습니다."

최 씨 아저씨의 말이 나오자마자 동네 분들은 동의한다는 듯이 고개를 끄덕였습니다. 우리 마을에는 삼국지에 나오는 장비와 같은 사람이 있습니다. 바로 강동주 씨입니다.

"제 생각에도 목사님이 반장했으면 좋겠습니다."

"좋습니다. 여러분 모두가 찬성한 것으로 알고 홍 목사님을 우리 마을 반장님으로 뽑겠습니다. 다같이 박수칩시다."

반장인 김 씨의 말에 모두 박수치며 즐거워했습니다. 내가 도심리에 온지 8년째입니다. 처음 이 마을에 왔을 때 주민들은 기도원이 세워지는 줄 알고 결사반대했습니다. 큰 돌과 통나무로 길을 가로 막았기 때문에 건축이 3개월 간 중단되었습니다. 당시 마을 반상회 때 주민들을 이해시키느라고 진땀을 뺐습니다. 그때 주민들이 요구했던 것 중에 하나는 예수 믿으라고 말하면서 집집마다 돌아다니지 말라는 것이었습니다. 기독교에 대해서 배타적이었던 이들이 목사인 나를 처음부터 좋게 볼 리가 없었습니다.

그런데 이제는 나를 마을의 반장으로 뽑았습니다. 반장이 된 것에 대해 큰 의미를 두는 것은 명예가 아니라 주민들이 나를 마을 식구로 인정할 뿐만 아니라 마을의 리더로 받아들였다는 것입니다. 인정받는다는 것은 쉬운 일이 아닙니다. 단기간에 걸쳐 이루어지지도 않습니다. 나는 매우 부족했지만 8년이라는 세월 동안 주님의 사랑을 나눈 것이 이분들에게 증명되었습니다. 인정(人情) 많으신 신 씨 아주머니가 내 앞에 다가와 수줍은 듯 고개를 갸우뚱하며 말했습니다.

"목사님, 반장님 된 것을 축하합니다."

"이제 뭐라 불러야 하나? 반장님? 목사님? 목사반장님이 좋겠다."

삼위 하나님은 서로 인정(認定)하는 것을 매우 기뻐하십니다.

서로 인정하면서 서로 엄청난 기쁨 속에 계십니다. 이것은 예수님이 세례 받으실 때 매우 잘 나타나 있습니다. "성령이 비둘기 같은 형체로 그의 위에 강림하시더니 하늘로부터 소리가 나기를 너는 내 사랑하는 아들이라 내가 너를 기뻐하노라"(눅 3:22). 이 본문만큼 삼위 하나님이 서로 연합하셔서 서로를 인정하고 기뻐하는 것을 표현한 곳도 드뭅니다. 삼위일체 하나님의 내적 속성은 서로 인정하고 서로 기뻐하는 것입니다. 그런데 이런 속성이 삼위 하나님에만 머물러 있지 않고 그의 피조물과 특별히 그의 자녀들에도 강하게 나타나고 있습니다.

비록 외경에 나와 있는 것이지만 하나님과 아브라함의 대화가 있습니다.

하나님이 아브라함에게 말씀하셨습니다.

"아브라함아, 너는 나 없이는 아무것도 아니다."

아브라함이 대답했습니다.

"예, 맞습니다. 저는 주님 없이는 아무것도 아닙니다."

그때 아브라함은 고개를 땅에 조아리고 속으로 말했습니다.

'제가 좀 주제넘게 말하는 것을 용서하소서. 주님이 없다면 저는 아무것도 아닙니다. 이것은 사실입니다. 그러나 만약 제가 없다면 주님은 누구에게도 알려질 수 없고 인정받지도 못할 것입니다.'

하나님의 이런 질문의 의도는 아브라함과 모든 사람들로부터 인정받고 싶은 속내를 드러낸 것처럼 보입니다. 무엇보다도 우리는 하나님으로부터 인정받으려고 합니다. 우리의 영적 경험을 통해 볼 때 하나님으로부터 인정을 받는 것이 얼마나 큰 기쁨입니까! 이와 반대로 우리가 하나님을 인정할 때 하나님 또한 얼마나 기뻐하실까요? 하나님이 우리로 인해 기쁨을 이기지 못할 것입니다(습 3:17).

이제 우리의 영적 태도를 바꿔서 하나님으로부터 인정받으려고 애쓰기보다는 하나님 그분을 인정합시다. 하나님은 인정받음으로 인해 기뻐하시기 때문입니다. 하박국 선지자는 궁극적으로 이루어지게 될 하나님의 나라를 다음과 같이 묘사합니다.

> "이는 물이 바다를 덮음 같이 여호와의 영광을 인정하는 것이 세상에 가득함이니라"(합 2:14).

하나님을 인정합시다.
"위대하고 강하신 주님, 우리 주 하나님, 야훼!"

의미

대략 1970년대만 하더라도 겨울에 우리를 따뜻하게 만들어 주었던 것은 나무였습니다. 추수가 끝나고 논밭에 찬바람이 돌아다닐 때면 지게를 하나씩 지고 산에 올라가 땔나무를 했습니다. 땔나무는 주로 처마 밑에 쌓아 놓았습니다. 그런 나무 더미만 봐도 마음이 훈훈했습니다. 저녁밥을 지을 때는 잔가지들이 사용됩니다.

잔가지들은 빨리 타면서 순식간에 뜨거운 불을 만들어냅니다. 아궁이 앞에 앉아서 불을 지피는 일이 얼마나 재미있는지 모릅니다. 솔가지, 아카시아나무, 싸릿대 등이 소리를 내면서 자신의 몸을 태우는 광경은 꼭 아이들이 환호하며 춤추며 노래하는 것과 같습니다. 나무 종류에 따라 타는 냄새와 소리가 다릅니다. 연기로 눈이 매워 눈물을 찔끔찔끔 흘리지만 아궁이 위에서는 밥이 익느라고 올라가는 김과 아궁이 안에서 나무 타는 냄새와 함께 활활 타오르는 불꽃은 행복에 겨운 인간 삶의 향연(香煙)입니다. 우리가 살아가는 지금 이 시대에는 잃어버린 풍경입니다.

겨울이 되면 더욱 따뜻함과 친해지고 싶어집니다. 공동체에는 나무 난로가 있습니다. 수시로 불을 피워야 합니다. 난로에 불을 피우려면 처음에는 두꺼운 종이를 여러 조각내어 불을 피우고 그 위에 잔가지들을 올려 놓습니다. 어느 정도 불이 올라오면 장작에 불을 붙이면 됩니다. 불을 피우는 데 잔가지가 매우 중요합니다. 잔가지는 종이와 통나무 사이에서 불이 옮겨 가게 하는 역할을 합니다. 종이만 가지고 장작에 불을 붙이려고 여러 번 시도했지만 번번이 실패했습니다. 나무 난로를 피워야 하기에 자연히 잔가지에 지대한 관심을 갖게 되었습니다. 길을 가다가도 잔가지가 있으면 챙겨 와서 난로에 사용할 생각을 합니다. 잔가지가 눈에 잘 띄는 이유는 그것의 새로운 의미를 발견했기 때문입니다.

통나무가 탈 때는 크고 둔탁한 소리가 나지만, 잔가지가 탈 때는 빠르고 요란한 소리가 납니다. 라벨(Joseph Mourice Ravel)의 "볼레로(Bolero)"에서 관현악기의 연주가 메인이지만, 만약 타악기의 소리가 없다면 "볼레로"는 더 이상 볼레로일 수 없을 것입니다. 나무 타는 소리를 듣노라면 라벨의 "볼레로"의 타악기 연주 그 이상이라는 생각을 갖습니다. "볼레로"에서 타악기가 빠지면 연주가 될 수 없는 것처럼 나무 타는 난로에서 뜨거운 열기를 뿜어내게 하는 잔가지들의 아름다운 리듬이 없다면 썰렁하고 손 시럽게 만드는 고철덩어리에 불과할 것입니다.

의미(意味)! 의미라는 한자어가 의미 있습니다.

의(意)는 '뜻 의'입니다. 이것을 다시 풀면 '소리 음(音)'과 '마음 심(心)'이 합쳐진 말입니다. 의(意)라는 것은 마음 속 깊은 곳의 소리입니다. 입에서 나오는 음성으로 된 소리와 마음 속 깊은 곳에서 나오는 소리는 다를 수 있습니다.

다음은 미(味)입니다. '맛 미(味)'인 미(味)는 '입 구(口)'와 '아직 미(未)'가 합쳐져서 된 말입니다. 미(味)는 아직 입으로 들어오지 않았기 때문에 정확히 어떤 맛인지 알 수 없다는 뜻입니다. 눈으로 보고, 손으로 만져 보는 것만으로는 온전한 맛을 알 수 없습니다. 눈으로 보는 것 이상의 맛이 그 속에는 있습니다.

그래서 의미(意味)라는 뜻은 나타난 말, 혹은 현상 속에 있는 참뜻이라고 볼 수 있습니다. 내 나름대로 의미라는 글자에 대해서 늘어 놓아 보았습니다.

아가(雅歌)서 2장 1-2절에는 시골뜨기 처녀인 술람미 여자와 솔로몬왕과의 대화가 나옵니다. 1절에서 술람미 여자가 말합니다. "나는 사론의 수선화요 골짜기의 백합화로다." 사론평야에는 수선화, 들장미와 같은 야생화가 만발했다고 합니다. 이런 배경으로 볼 때 술람미 여자의 말은 자신은 아름다운 수선화와 같다고 자랑하는 것이 아니라 오히려 반대로 매우 평범한 여자라는 것을 표현한 것입니다. 그래서 공동번역 성경에서는 이 부분을 문법적으로 직역하여 "나는 고작 사론에

핀 수선화, 산골짜기들에 핀 나리꽃이랍니다"라고 했습니다.

2절은 이것에 대해 솔로몬왕은 다음과 같이 화답합니다. "여자들 중에 내 사랑은 가시나무 가운데 백합화 같도다." 가시나무가 복수로 되어 있기 때문에 "가시나무들 가운데 백합화 같도다"입니다. 술람미 여자는 자신을 사론 평야와 많은 산골짜기들 가운데 무수히 피어 있는 수선화 혹은 들장미 가운데 하나에 불과하다고 했지만 솔로몬왕은 다른 여자들을 가시덤불로 본 반면에 술람미 여자에게는 의미를 부여해서 백합화로 보았습니다. 의미를 부여하느냐 하지 않느냐에 따라 이렇게 다릅니다.

주님이 나에게 오셔서 의미를 주셨습니다. 그래서 나는 살아났고 새로운 존재가 되었습니다. 김춘수 시인의 "꽃"이라는 시가 생각납니다.

우리들은 모두
무엇이 되고 싶다.
너는 나에게 나는 너에게
잊혀지지 않는 하나의 의미가(눈짓이) 되고 싶다.

눈에 보는 것, 손에 닿는 것마다 의미를 부여해 보세요. 그러면 생명의 놀라운 기적이 일어납니다. 나도 마른 잔가지였었는데 주님이 의미를 부여해 주셔서 마른 잔가지에서 싹이 나고 꽃이 피고 열매를 맺으려고 힘쓰고 있습니다.

신비안(神秘眼)

세상은 신비한 것들로 가득 차 있습니다. 가장 신비한 것 중에 하나는 나의 존재입니다. 사고하고 있는 나의 존재가 신비하고, 신비한 존재인 내가 바라보는 모든 세상이 신비합니다. 밤하늘에 별들도 신비하지만 캄캄한 어둠을 볼 때도 동일한 신비를 느낍니다. 끝도 없는 무한한 우주 속에 수많은 별들과 지구가 어우러져 어떻게 이런 공간을 이루고 있는 것일까라는 물음 앞에서는 온몸이 전율합니다. 단순히 하나님이 하셨다고 말하기에는 언어의 한계를 통감합니다.

겨울이 되면 나의 마음을 불편하게 만드는 것이 하나 있습니다. 그것은 공동체 옆을 흐르고 있는 시냇물에 사람들이 와서 개구리를 잡아가는 것입니다. 호미와 지렛대로 바위들을 들추면서 평안히 겨울 잠을 자고 있는 개구리들을 술안주로 최고라고 하면서 모두 잡아갑니다. 큰 돌, 작은 돌 등을 들추면서 잡아가기 때문에 내년에 개구리들을 볼 수 있을까 염려가 들 정도입니다. 그러나 봄이 오면 어김없이 개구리들의 노랫소리를 들을 수 있습니다. 땅이 녹고 시냇물이 많아지고 비가 오면 개구리들은 자기 세상을 만난 듯 노래합니다. 개구리들의 노랫소리는 나의 영혼에 위안을 주는 합창입니다.

공동체 옆 개울에서 가재를 발견했습니다. 내가 처음 가재를 본 것은 어린 시절 시골에 살 때였습니다. 그때 개울에서 가재를 잡고 놀았던 시절이 생각납니다. 개구리 뒷다리를 막대기에 묶어서 시냇물 돌틈에 넣어 두면 여러 마리 가재들이 개구리를 먹기 위해 모여듭니다. 가재는 한번 물면 놓지 않는 성질이 있습니다. 그래서 막대기를 천천히 들어 올립니다. 그러면 가재들은 앞발로는 개구리 다리를 물고 있고 다른 발들은 꼬물꼬물거리면서 올라옵니다. 지금은 하천이 많이 오염되었기 때문에 가재들을 거의 볼 수 없습니다. 공동체가 있는 도심리 마을도 꽤 산골짜기임에도 불구하고 시냇물에서 가재를 찾아 볼 수 없습니다. 가재를 발견했을 때 환희와 놀라움은 아직도 잊을 수 없습니다. 가재 한 마리가 왜 그렇게 반갑게 여겨졌는지 모릅니다. 그 가재는 나를 어린 시절로 가게 했을 뿐만 아니라 그것의 존재 자체가 하나님의 신비를 느끼게 했습니다.

창세기 1장에는 하나님이 천지 만물을 창조하신 것에 대해서 기록하고 있습니다. 하나님은 피조물들을 창조하시면서 후렴구처럼 “보시기에 좋았더라!”고 하셨습니다. 히브리어의 원어와 영어 성경의 표현을 본다면 이것은 단순히 좋다는 의미를 넘어서서 놀랍고 경이롭다는 의미가 있습니다. 하나님은 자신이 창조하신 해, 달, 별, 나무, 꽃, 동물, 물, 바다, 흙, 사람을 보시면서 감탄하실 뿐만 아니라 놀랍고 경이롭게 보셨습니다. 지금 우리 인간들이 자연을 함부로 다루는 것과는 얼마나 대조적입니까?

개역한글 성경 시편 139편 14절에 보면 하나님이 지으신 것에 대해서 '신묘막측(神妙莫測)'하다고 말씀하고 있습니다. 글자를 그대로 풀이하면 신기하고 오묘해서 측량할 수 없다는 뜻입니다. 한글 공동번역 성경에는 이렇게 표현하고 있습니다. "내가 있다는 놀라움, 하신 일의 놀라움, 이 모든 신비들, 그저 당신께 감사합니다." 하나님의 창조 세계는 신비함으로 가득 차 있습니다. 신비하신 하나님이 신비함으로 모든 것들을 그의 품안에서 창조하셨습니다.

우리가 아름다움을 볼 줄 아는 눈을 심미안(審美眼)이라고 한다면 하나님께서 지으신 모든 세계를 신비한 것들로 볼 줄 아는 눈을 신비안(神秘眼)이라고 하고 싶습니다. 신비안을 가졌다는 것은 세상을 하나님의 세계로 본다는 것을 의미합니다. 그래서 신비안을 가진 자는 세상을 귀하게 여기고 사랑할 수 있게 됩니다.

지금 우리는 하나님의 신비가 세상의 지식과 과학에 의해 점점 점령당하고 있는 시대에 살고 있습니다. 내리는 하얀 눈을 보면서 마음껏 뛰놀고 싶은 마음보다는 자동차 운전을 염려합니다. 사람을 대할 때도 두려움과 경계의 대상으로 교육받습니다. 봄이 되면 농부들은 논밭을 기경합니다. 옛날에는 소가 주로 그 일을 했지만 이제는 트랙터로 합니다. 시골에 있는 소들은 주로 한우로 비육되어 팔립니다. 모든 소들은 귀에 노란 딱지를 붙이고 있습니다. 이것은 소의 모든 이력을 컴퓨터로 인식하기 위한 것입니다. 좁은 공간에 갇혀서 좋은 사료를 먹고 2-3년 후 살이 찌면 팔려 나갑니다. 이제 소는 우직하게 일하는 존재가 아니라 먹고 살쪄야 하는 존재입니다. 존재가치가 바뀐 소가 불쌍합니다. 하늘에 떠 있는 무지개를 본다 해도 우리의 심장은 뛰지 않습니다.

"주님, 저에게 하나님의 세계를 볼 수 있는 신비안(神秘眼)을 주소서!"

벼랑 끝

마을 근처에 있는 주유소에 기름을 넣기 위해 들렀습니다. 진달래꽃과 같은 아가씨가 나왔습니다. 주유 호스가 좀 무거운 듯 두 손으로 움켜쥐고 자동차로 다가왔습니다. 카드로 결제하고 주인 아저씨도 만날 겸 일부러 사무실 안으로 들어갔습니다. 아저씨는 탁자 위에 신문지를 깔고 김치찌개와 밑반찬 대여섯 개를 늘어놓고 점심 식사를 하고 있었습니다.

"아저씨, 안녕하세요, 처음 보는 아가씨인데 누구예요?"

"제 딸년입니다. 제가 몸이 아파서…. 서울에서 와서 저의 일을 거들고 있습니다."

주유소 아저씨는 간암으로 투병 중에 있습니다. 쉽게 피곤해 하고 얼굴은 언제나 검붉게 물들어 있습니다. 엷은 미소를 띠면서 말하지만 그의 목소리와 얼굴에는 힘이 하나도 없었습니다. 얼마 전 공동체에 도로 보수 공사를 위해 포클레인을 사용한 적이 있습니다. 포클레인 기사와 함께 점심 식사를 하면서 상처로 수놓아져 있는 그의 과거를 들었습니다. 전 부인과는 이혼했고 지금은 재혼해서 살고 있습니다. 아들이 하나 있고 매달 그에게 생활비를 보내 준다고 합니다. 말하는 도중에 삶이 매우 못마땅하다는 듯이 가끔 고개를 절래절래 흔들었습니다.

"제 아내는 교회 다니는 여자였어요. 교회 다녀도 별로던데요."

그는 교회 다녀도 특별히 다른 점이 없다는 뜻으로 말했습니다. 그러면서 교회를 다니고 신앙을 가져보라는 나의 권면을 미리 차단하는 듯 했습니다.

주변 농촌 사람들의 얼굴은 지쳐 있고 침울해 있습니다. 농부들의 눈동자에서 순박함은 찾을 수 없고 '인생은 다 그런 거야, 별거 있겠어?'라는 표정만 읽을 수 있을 뿐입니다. 아마도 그들은 살아오면서 수없이 벼랑 끝에 서 왔고 또 벼랑에서 추락하는 경험을 했을 것입니다. 수많은 벼랑이 그들을 그렇게 만들어 버렸습니다. 저 역시 수없이 벼랑 끝에 서는 경험을 해 왔습니다. 벼랑 끝에서는 앞을 보지 말고 뒤를 봐야 합니다. 벼랑이 높을수록 더욱 그렇게 해야 합니다. 벼랑 앞에서 할 수 있는 일은 아무것도 없습니다.

마귀가 예수님을 예루살렘으로 억지로 끌고 갔습니다. 그 후에 성전 꼭대기에 세웠습니다. "또 이끌고 예루살렘으로 가서 성전 꼭대기에 세우고"(눅 4:9). 예수님 당시의 성전은 헤롯 성전입니다. 헤롯 성전 가운데 가장 높은 곳은 기드론 골짜기가 보이는 동남쪽인데 높이가 약 30m 됩니다. 마귀는 이곳에서 예수님에게 뛰어내리라고 했습니다. 마귀가 예수님을 시험한 곳은 성벽도 아닌 성전 꼭대기였습니다. 가장 거룩한 곳이 시험 장소가 되었습니다. 마귀는 천사들이 지켜줄 것이라는 확실한 보장의 말도 했습니다.

우리는 가끔 '벼랑 끝에 서는 용기'에 대해서 듣습니다. 하나님이 우리를 벼랑 끝에서 지켜주실 것을 확신하고, 더 나아가 벼랑 끝에서 앞으로 나가든지 혹은 떨어지는 것도 두려워하지 말라는 권면을 듣습니다. 예수님의 경우에 비추어 보면 이러한 말은 마귀의 속삭임일 가능성이 많습니다. 예수님은 번지점프하듯이 멋진 자세로 성전에서 뛰어내릴 수 있었습니다. 어떤 천사의 도움 없이도 물 위를 걸으신 예수님은 다치지 않고 성전 꼭대기에서 뛰어내릴 수 있었습니다. 예수님이 비록 벼랑 끝에는 서셨지만 뛰어내리지는 않았습니다. 그때 예수님이 취하신 태도는 하나님 약속의 말씀으로 돌아간 것입니다. "너희의 하나님 여호와를 시험하지 말고"(신 6:16). 이 말씀은 하나님이 모세에게 하신 말씀입니다. 시간적으로는 예수님으로부터 약 1,500년 전의 일입니다. 예수님은 하나님이 모세에게 말씀하신 때로 돌아갔습니다. 예수님은 성전 꼭대기에서 30m 아래에 관심을 갖지 않고 과거에 하나님이 이스라엘 백성들을 어떻게 인도하셨는지를 보았습니다.

우리는 때때로 작고 큰 벼랑에 섭니다. 그럴 때마다 뒤를 돌아보고 하나님이 어떻게 삶 속에 개입하셨는지를 점검해야 합니다. 벼랑 끝에 서고 싶은 사람은 아무도 없습니다. 원하지 않는 환경과 사람에 의해 서게 됩니다. 떠밀려서 서게 되는 경우가 대부분입니다. 벼랑 끝에 서야 삶의 본질에 대해서 숙고합니다. 이때가 소중하고 아름답습니다. 왜냐하면 영혼이 정화되고 하나님과의 관계를 바로 세우는 순간이기 때문입니다.

혹시 벼랑 끝에 서 있습니까? 벼랑 끝에서 될 대로 되라는 식으로 뛰어내리려고 결심하지 마십시오. 만신창이(滿身瘡痍)만 될 뿐입니다. 오히려 수많은 벼랑 끝에서 나에게 행하신 하나님의 손길을 발견해 보십시오.

♬♪ 지나온 모든 세월들 돌아보아도
그 어느 것 하나 주의 손길 안 미친 것 전혀 없네 ♬♩

순간마다 하나님의 도우심이 없었다면 지금 있는 벼랑 끝에도 올 수 없었을 것입니다. 만약 당신의 겨드랑이에서 천사의 날개가 돋아나고 있지 않다면 벼랑 끝에서는 뒤를 보십시오. 벼랑 끝에서 내려올 수 있는 길은 앞쪽에 있는 것이 아니라 뒤쪽에 있습니다. 벼랑 뒤쪽에는 하나님이 항상 나와 동행하신 길이 있습니다. 벼랑 끝에서 앞쪽으로 기울어져 있는 우리에게 하나님은 강하고 다급하게 명령하십니다.

"뒤로 돌아!"

도끼의 날을 갈 때가 있고

주 안에서 교제하던 MVP 선교단체 소속인 전문인 선교사님 부부와 예비 선교사님 두 가정이 공동체를 방문했습니다. 노동시간에 함께 노동을 했습니다. 겨울이 되면 기도의 집에 나무 보일러를 사용하기 때문에 장작이 많이 필요합니다. 그래서 그날도 장작 패는 일을 하였습니다. 젊은 두 형제님이 듬직한 도끼로 장작을 패는데 처음에는 뜻대로 잘 되질 않았습니다. 도끼가 나무에 맞지 않고 이리저리 비켜 나가기 일쑤였습니다. 힘도 있는 것 같았고 노동에 대한 열심도 있는 것 같았지만 성과는 만족스럽지 않았습니다. 도끼 자루를 두 번이나 부러뜨리고 도끼날도 무뎌지게 만들었습니다. 그래서 내가 장작 패는 방법과 도끼를 사용하는 방법을 알려 주었습니다. 그랬더니 처음보다는 점점 더 좋아지는 것을 보았습니다. 이분들은 도끼질을 평생 처음 해보는 듯했습니다. 아마 그랬을 것입니다. 그래도 나는 공동체에 살면서 몇

년 동안 도끼를 만지고 나무 패는 일을 해 왔습니다. 그러기에 힘은 좀 없지만 그분들보다는 훨씬 더 장작을 잘 팰 수 있었습니다.

전문적 기술은 하루아침에 이루어지지 않습니다. 오랜 세월이 필요합니다. 물론 오랜 세월이 걸렸다고 해서 전문적인 기술이 저절로 주어지는 것도 아닙니다. 순간순간 성실히 최선을 다해야 이루어집니다. 나의 삶에 대한 성실성은 우리 주님의 현존성에서 벗어날 수 없습니다. 왜냐하면 현재의 시간은 현존하시는 주님에 의해서 나왔기 때문입니다. 현재 나의 삶이 가치가 있고 소중한 것은 현존하시는 주님이 함께하시기 때문입니다.

한 장님이 죽어가고 있을 때 어떤 사람이 다음과 같이 물어보았다고 합니다.

"당신은 몇 살입니까?"

장님은 대답했습니다.

"하룻밤 지냈소."

이 장님에게 있어서 캄캄한 그의 인생은 단지 하룻밤에 불과했습니다. 우리에게도 현재 주어진 오늘의 삶 외에는 어떤 보장도 없습니다. 그러므로 현재의 삶을 소중히 여기고 성실하게 주님의 영광을 나타내는 삶을 살아야 합니다. 주님의 영광을 나타내는 삶은 나의 삶이 아니라는 의미입니다. 우리는 죽고 우리 안에 그리스도가 살아 계셔서 우리를 온전히 주관토록 해야 합니다. "너희는 너희의 것이 아니라", "너희 몸이 그리스도의 지체인 줄 알지 못하느냐?"고 하신 주님의 말씀에

귀를 기울여야 합니다(고전 6:19).

도끼의 날을 갈 때가 있고, 그 도끼를 사용할 때가 있습니다. 도끼의 날을 가는 시간이 결코 도끼를 사용해서 나무를 패는 시간보다 가치가 없는 시간이 아닙니다. 다 같이 소중합니다. 날이 무딘 도끼를 가지고 노동한다면 그 만큼 더 많은 힘과 시간이 듭니다. 도끼날을 가는 시간에 정성껏 하지 않는다면 그 도끼를 가지고 노동할 때에도 별로 효과를 기대하기 어려울 것입니다. 지금 주님께 감사하지 않는다면 앞으로도 감사하지 못합니다. 지금 자기를 부인하고 그리스도와 함께 십자가를 지지 않는다면 미래에도 결코 순교하지 못할 것입니다.

작년은 우리의 삶 속에서 과거가 되었습니다. 과거를 뒤돌아보는 것은 중요합니다. 그러나 과거에 집착하는 것은 위험합니다. 이것은 운전할 때 뒷거울을 통해 가끔 뒤를 보는 것과 같습니다. 거울 속에 있는 뒤의 풍경에 너무 빠져 있다면 곧 사고를 당하게 됩니다. 내년이 우리에게 온다면 그것은 하나님이 우리에게 주신 선물입니다. 너무 멀리 오래 보지 마십시오. 이것도 사고의 원인이 됩니다. 과거와 미래를 보는 것은 현재를 위한 것이 되어야 합니다. 현재가 없는 과거나 미래는 없습니다. 지금 주님을 묵상합시다. 지금 주님께 기도를 드립시다. 지금 주님께 감사의 찬송을 드립시다. 지금 주님께 긍휼을 구합시다.

"주여, 저를 긍휼히 여겨 주소서!
한없이 부족한 저도 예리한 날을 가진 도끼가 되어

언젠간 하나님이 한번 내리치실 때 속 시원하게
통나무를 반으로 '쩍' 하고 쪼개는 도끼가 되게 하소서."

달력

하나님은 달을 창조하사 우리에게 한 달을 주셨고, 해를 창조하사 일 년을 주셨습니다. 달과 해의 조화를 통해 이 땅에 이루어지는 자연의 아름다움과 신비는 이루 말할 수 없습니다. 성경에서 이스라엘 백성들은 하나님이 주관하고 섭리하시는 자연의 변화에 따라서 그들의 달력을 만들었습니다. 이스라엘 백성들이 바벨론 포로 이전에 순수하게 사용했던 달력의 이름들은 구약에 네 가지로 나타납니다.

첫째는 '아빕월'인데 양력으로 3–4월에 해당되며 뜻은 "푸른 이삭의 달"이고(출 13:4), 둘째는 '시브월'인데 양력으로 4–5월에 해당됩니다. 뜻은 "꽃의 달"입니다(왕상 6:1). 셋째는 '에다님월'로 양력으로 9–10월에 해당하는데 뜻은 "물이 넘치는 달"입니다(왕상 8:2). '불월'은 10–11월에 해당하는데 뜻은 "비가 내리는 달"입니다(왕상 6:38).

인디언들도 그들만의 독특한 달력의 이름들을 가지고 있었습니다.

그들은 삶 자체가 자연과 함께 이루어지고 자연 속에서 그들의 삶의 모든 것을 만들어냈습니다. 자연과 함께한 그들은 그들의 마음조차도 어떤 변화가 있었는데 그것을 달력의 이름으로 표현했습니다.

1월, 마음 깊은 곳에 머무는 달

2월, 홀로 걷는 달

3월, 마음을 움직이게 하는 달

4월, 머리맡에 씨앗을 두고 자는 달

5월, 오래 전에 죽은 자를 생각하는 달

6월, 말없이 거미를 바라보는 달

7월, 열매가 빛을 저장하는 달

8월, 다른 모든 것을 잊게 하는 달

9월, 풀이 마르는 달

10월, 잎이 떨어지는 달

11월, 모든 것이 다 사라진 것이 아닌 달

12월, 침묵하는 달

우리는 숫자에 의한 달력으로 인해 자연의 변화에 대해 마음이 둔해져 버렸습니다. 자연의 변화는 곧 하나님의 섭리의 변화입니다. 자연을 잃어버림으로 인해 하나님의 섭리도 잃어버리고 하나님마저도 잃어버리는 세대가 되어 가고 있습니다. 올해에는 하나님이 주신 자연의 변화와 흐름을 바라보고 그 속에서 나의 영혼의 움직임을 표현하면서 매달 나름대로의 달력의 이름을 붙여보려고 합니다. 1월은 "하나님 앞에서 묵상하는 달"로 세웠고, 2월은 "거름 속에서 하나님의 신비를 발견하는 달"로 삼았습니다. 3월은 "약간 손해를 보겠다는 마음을 갖는 달"로 정해 보았습니다.

우리와 항상 함께하시는 하나님과 동행하는 표현으로써 달력의 이름을 만들어 보는 것도 좋을 것입니다. 이것은 우리의 삶의 중심을 시간에 두지 않고 하나님께 두려는 것입니다. 나와 항상 함께하시는 하나님으로 인해 나는 기쁘고 즐거울 수 있는 것은 하나님이 우리의 근원이시기 때문입니다. 하나님 안에서는 시간의 의미와 힘은 사라집니다. 왜냐하면 하나님은 시간 위에 계시고 시간을 친히 주관하시는 분이시기 때문입니다. 나이가 들어가는 것과 죽는 것을 두려워하지 않는 마음은 하나님과 연합된 삶을 살 때 가능합니다. 우리는 영원하신 하나님의 품속에 있는 존재들입니다. 하나님의 품속에서 모든 시간은 멈추게 됩니다. 지금 우리가 하나님과 동행한다면 우리의 존재가 소중합니다. 영원하신 하나님과 연합된 영원한 존재가 됩니다. "영원히 죽지 아니하리라, 영원히 살리라." 주님이 그의 자녀들에게 선포한 말씀입니다(요 6:58, 11:26).

하루가 가는 것과 한 달이 지나가는 것에 관심을 갖지 말고, 1년이 지나간 것에 대해 기뻐하거나 슬퍼하지 말고, 오직 하나님과 동행하는 것에 관심을 가진다면 세상 모든 근심과 불안은 우리에게서 떠나가게 될 것입니다. 하나님은 공중에 날아다니는 모든 새들을 먹이시고 보살펴주시는 분이십니다. 하늘을 제멋대로 날아다니는 시커먼 까마귀에게도 관심을 가지고 계신 분이 어찌 자녀인 우리들을 돌보지 않겠습니까!

구세주 되는 것 어렵지 않네

공동체에 인접해 있는 도심리 마을에 85세 되는 아버지와 단둘이 컨테이너로 된 집에 박윤식이라는 형제가 살고 있습니다. 이 형제는 군복무 중에 벌을 받다가 선임이 휘두른 쇠파이프에 허리를 다쳐서 뼈가 두 개나 부러졌습니다. 척추수술을 해서 간신히 걸어다닐 수는 있지만 무거운 것은 절대 들 수 없습니다. 어떤 직업도 가질 수 없습니다. 정부로부터 생활 보호대상자로 지정되어 보조금인 월 30만 원으로 살아갑니다. 살아간다는 것 자체가 너무 큰 고통이었기에 늘 술로 세월을 보내다가 정신적으로 이상이 생겨서 정신병원에 입원하기도 했습니다. 삶에 대한 좌절은 그를 더욱 고통스럽게 만들었습니다. 가끔 방문해서 함께 교제를 나누면서 친하게 지냈습니다.

그러던 어느 날, 형제가 살고 있던 땅이 다른 사람에게 팔리면서 새 주인이 그 집을 비워 달라는 것이었습니다. 당장 갈 곳이 없어서 그냥 지내고 있었는데 땅 주인이 청부 폭력배들을 동원해서 형제의 집에 마음대로 들어가서 기물들을 부수고 강제로 철거하려고 했습니다. 수도 시설도 부서뜨리고 전기선마저 끊어 버렸습니다. 그래서 보일러가 가동되지 않아 추운 상태로 겨울을 지내게 되었습니다. 그 형제를 방문하여 그의 하소연을 들어주고 앞으로 어떻게 할 것인지에 대해서 의논했습니다. 결국 경찰에 신고했고 150만 원의 이사비용을 받고 이사하기로 땅 주인과 합의했습니다. 그러던 차에 옆 동네인 풍천리에 이사할 수 있는 빈집이 생겼습니다.

당시 공동체에서는 선교사 훈련이 있었습니다. 훈련에 집중하다 보니 그 형제를 방문하지 못했습니다. 훈련 프로그램을 마친 후, 주일 예배를 드리고 오후에 그곳을 방문했습니다. 방문해 보니 그 부자(父子)는 이삿짐을 다 옮기고 마지막 정리를 하고 있었습니다. 이삿짐은 컨테이너로 옮겼기에 큰 어려움이 없었는데 외부에 설치해 놓았던 보일러 장치가 남아 있었습니다. 이 형제는 허리가 아파서 쇠로 된 보일러를 들지 못하고 있고 연로한 그의 아버지 역시 도저히 들 수 없는 상황이었습니다. 그때 내가 그곳에 도착해서 그들과 인사를 나누었습니다.

"안녕하세요. 제가 도울 일이 있습니까?"

"다른 짐들은 다 옮겼는데 저 보일러는 꼼짝을 하지 않습니다."

이들 부자(父子)는 보일러를 가리키면서 볼멘소리로 자신들이 도저히 들 수 없음을 하소연이나 하듯 말했습니다. 보일러를 움직여 보니 정말 무거웠습니다. 그래서 공동체에 와서 바퀴 달린 짐수레를 가지고 다시 그곳으로 가서 보일러를 차에 옮겨 실었습니다. 보일러를 차에 싣는데 걸린 시간은 5분도 채 되지 않았습니다. 오랫동안 보일러 때문에 근심하고 있던 이들은 쉽게 문제가 해결되자 너무 기뻐서 어쩔 줄을 몰라했습니다. 거기에다 추운 날씨에 마실 수 있는 따뜻한 커피와 차를 가지고 가서 함께 마셨습니다. 그 형제의 아버지는 눈물을 글썽거리시면서 말했습니다.

"이사하는데 동네사람 중에 어느 누구도 쳐다보지도 않아요. 그런데 목사님이 오셔서 보일러도 차에 실어 주시고 따뜻한 커피까지 주셔서 너무 감사합니다. 목사님은 하나님이 보내 주신 구세주입니다."

그 옆에서 이 말을 듣고 있던 박윤식 형제도 겸연쩍게 웃으며 거듭거듭 감사를 표현했습니다.

"맞아요. 목사님은 우리의 구세주입니다."

너무 과분한 말을 들었기에 한없는 부끄러움을 느꼈습니다. 내가 할 수 있는 것만큼 도와준 것이고 대단한 일도 아닌데 그들에게는 구세주를 만난 것과 같은 것이었습니다. 이사할 장소까지 가서 보일러를 내려 주고 왔습니다. 돌아오는 길에 하늘을 잠시 올려다보며 '구세주 되는 것 어렵지 않네'라고 스스로 중얼거렸습니다.

어떤 사람의 필요를 알고 그와 함께하면서 자기가 할 수 있는 만큼 그의 필요를 도와준다면 그 사람에게 그는 바로 구세주가 됩니다. 우리는 서로에게 도움을 필요로 하는 존재입니다. 세상에 완벽한 사람은 아무도 없습니다.

창세기에 처음으로 부정적인 표현이 나오는데 그것은 하나님이 아담을 만드시고 난 후입니다. 다른 피조물은 창조하신 후에 보시기에 좋았더라고 했지만 아담을 만드시고 난 후에 독처(獨處)하는 것을 좋지 않게 보셨습니다. 그래서 돕는 배필인 하와를 만드셨습니다. 하나님은 아담으로 하여금 도움을 받아야만 하는 존재로 지으셨습니다. 만약 아담이 완벽한 능력의 소유자였다면 도움이 필요 없었을 것입니다. 아담은 어떤 부분에 있어서 반드시 도움을 받아야 하는 존재였습니다. 창세기 1장에서는 도움이 필요한 존재인 아담에게 하와를 만들어 주시고 그 후에 하나님은 비로소 "보시기에 심히 좋았더라"고 말씀하셨습니다.

이 세상에는 가난, 전쟁, 기근 등이 끊어지지 않고 계속 이어집니다. 이와 같은 것들을 부정적으로만 보지 말고 하나님의 나라를 이루어 가는데 필요한 환경으로 보아야 합니다. 주님의 마음으로 우리 주변에 도움이 필요한 자들을 찾아봅시다. 한발 한발 그들에게 다가가 보십시오. 이미 우리의 도움을 기다리고 있는 수많은 사람을 만나게 될 것입니다. 그리고 다음과 같은 고백을 그들의 입술로부터 들을 것입니다.

"내가 당신을 보니 예수님을 보는 것 같습니다."

제단에 붙은 불을 꺼뜨리지 말라!

우리 마을에, 지금은 고인이 되었지만, 이 씨 아저씨가 있었습니다. 아들이 셋이 있는데 큰 아들의 이름은 행운이 만개나 되라고 해서 '만행(萬幸)'이고 동생은 형보다는 좀 적은 '천행(千幸)'이라고 지었습니다. 그 집의 둘째 아들이 귀신에 들려 몹시 고통하고 있습니다. 얼마 전 그 집을 방문해서 아주머니와 대화를 나누다가 주님의 복음을 전하고 그 아들의 손을 잡고 기도해 주었습니다. 기도하는 중에 예수 이름으로 귀신에게 떠나갈 것을 명령하면서 기도했습니다. 귀신은 곧 떠나가지 않았습니다. 기도를 다 마치자 둘째 아들인 천행이가 "아멘"했습니다. 돌아오는 길에 하나님이 그의 입술의 고백을 받으시고 속히 귀신으로부터 놓임 받도록 기도했습니다. 다른 한편으로는 기도 후 즉시 능력이 나타나서 귀신이 떠나갔으면 하는 아쉬운 마음을 가졌습니다. 하나님을 의지한다고 하지만 여전히 문제 앞에서 연약한 저의 모습을 발견합니다.

"주여, 보잘것없는 종에게 주님의 능력을 입혀 주소서!"

나는 믿음으로, 주님을 의지하고 다시 시도할 것입니다.

겨울철 '기도의 집' 장작불을 피울 때마다 경험하는 것은 불 피우는 것도 어렵지만 피운 불을 유지하는 것도 무척 어렵다는 것입니다. 불을 잘 타게 하기 위해서는 장작의 위치를 옮겨가면서 바람도 불어 넣어야 합니다. 장작에 불이 타는 것을 바라보노라면 시간이 가는 줄 모릅니다. 그런데 잠깐 다른 일을 하느라고 불을 돌보지 않으면 장작은 순식간에 다 타고 재만 남아 있는 것을 경험하곤 했습니다. 그러면 처음부터 장작불을 다시 피워야 합니다.

레위기 6장 8-13절에 보면 번제(燔祭)의 규례에 대해서 말씀합니다. 번제는 제물을 하나님께 불로 태워 드리는 제사입니다. 번제 드릴 때 필수품이 있다면 바로 불입니다. 불이 없다면 하나님께 제사를 드리지 못합니다. 번제를 위해 불이 절대적이지만 이것에 못지않게 중요한 것은 이 불을 유지하는 것입니다. 레위기 본문에서는 이 사실에 대해서 매우 강조하고 있습니다.

"제단의 불이 그 위에서 꺼지지 않게 할 것이요"(9절).

"제단 위의 불은 항상 피워 꺼지지 않게 할지니"(12절).

"불은 끊임이 없이 제단 위에 피워 꺼지지 않게 할지니라"(13절).

이스라엘 백성들이 광야에서 40년간 나무를 구한다는 것은 매우 힘든 일이었습니다. 그래서 나중에는 나무를 구해 오고 장작만 패는 전담팀을 만들었는데 이 일을 기브온 족속이 하게 됩니다. 제단 위에 불을 피워 꺼지지 않게 하기 위해서는 그 불에 항상 관심을 기울여야 합니다. 그리고 장작을 계속 공급해야 합니다. 갑자기 비라도 오거나 혹은 강풍이라도 불면 제단 위의 불을 꺼뜨리지 않기 위해서 더욱더 조심해야 합니다. 이스라엘 백성들이 정착할 때 뿐만 아니라 이동할 때에도 불은 가장 소중히 다루어야만 했기에 불을 옮기는 그릇이 있었습니다(출 27:3).

불을 피우는 번제단은 예수 그리스도를 상징합니다. 제단의 불은 성령을 의미한다고 볼 수 있습니다. 그리고 불을 타오르게 하는 매개체가 되는 장작은 하나님의 말씀이라고 볼 수 있습니다. 그리고 장작을 계속해서 공급하는 행위는 우리의 기도라고 볼 수 있습니다. 번제단 나무 위에 타고 있는 제물은 바로 우리 자신들입니다(롬 12:1). 번제단이 되시는 예수 그리스도 위에서 성령의 불과 하나님의 말씀과 기도로 우리 자신들이 완전히 태워진다면 하나님께 거룩한 산 제사로 드려지는 예배가 될 것입니다. 제단의 불이 꺼진다면 제사도 없어지고, 죄의 용서도 없고, 헌신과 사명도 없어집니다. 제단의 불을 다시 점검합시다. 내 안에 성령의 불로 활활 타오르도록 합시다. 80세 노구였던 모세 앞에서 꺼지지 않고 타고 있었던 떨기 나무에 붙은 불꽃처럼….

거울과 기적

"정말 말세가 왔나 봐, 올해처럼 눈이 많이 온 해도 없었을 걸, 눈만 보면 이제는 징글징글하다."

대머리 길 씨가 발에 묻은 눈을 털어 내기 위해 발을 쾅쾅 구르면서 마을 쉼터로 들어왔습니다.

"올해 눈이 왜 이렇게 많이 오는 줄 아세요?"

이 질문에 길 씨는 '내가 그걸 어떻게 알아?'라는 표정으로 눈을 말똥말똥하게 뜨고는 나를 멍하게 바라보았습니다.

"온 산과 들에 눈이 이렇게 많이 온 것은 우리 마음이 시커멓기 때문에 그것을 가려 주느라고 그런 거예요."

옆에 있던 한 씨가 콧방귀를 뀌면서 말했습니다.

"목사 같은 말만 하네."

눈의 색깔이 시커멓거나 다른 색이 아닌 것이 얼마나 하나님께 감사한지 모릅니다. 눈의 색깔이 검정색이면 올해는 시커먼 세상만 볼 뻔했습니다.

오늘은 반상회가 있는 날입니다. 동네 어르신들이 마을 쉼터로 한 분씩 모여들었습니다. 연초에 열리는 반상회이기 때문에 의논할 사항이 많았습니다. 그중에서도 가장 큰 관심은 정월 대보름에 있는 마을 거리제사에 대한 안건이었습니다. 연초마다 거리제사 때문에 내 마음이 불편했습니다. 회의가 거의 마칠 때쯤 되어 거리제사에 대한 의견을 물어보았습니다. 도장골에 사는 김 씨가 기다렸다는 듯이 말을 꺼냈습니다.

“거리제사는 안 했으면 합니다. 추운 날씨에 뭐하는 건지 모르겠습니다. 개인적으로 지금 지내는 제사도 없애려고 하고 있습니다. 이런 것보다 마을을 위해서 실질적인 일을 했으면 합니다. 시냇물 청소 같은 거….”

그동안 거리제사를 주도했던 임 씨 아저씨는 아예 얼굴도 보이지 않았습니다. 몇몇 사람들은 지금까지 해 오던 거리제사를 지내야 한다고 말했지만 설득력이 없어 보였습니다. 결론은 올해부터 거리제를 하지 않기로 결정했습니다. 기적이 일어났습니다.

내가 이 마을에 온지 3년 정도 지났을 때의 일입니다. 처음에는 배타적인 이들이 나를 받아들이기 시작하면서 마을거리제사에 초청했습니다. 거리제사에 와서 기도를 해달라고 했습니다. 부탁을 받고 적지 않게 당황했습니다. 어떻게 해야 할지 하나님께 기도하는데 가라고 말씀해 주셨습니다. 가서 기도로 구원의 복음을 선포하라고 말씀하셨습니다. 그래서 거리제사를 지내는 곳에 도착했습니다. 몇몇 사람은 이미 제사상에 절하고 있었습니다. 박 씨가 사람들을 불러 모았습니다.

"목사님이 오셨습니다. 모여 주세요."

보름달이 환하게 온 세상을 평화롭게 비치고 있었습니다. 달빛을 받은 제사상에는 돼지 머리, 귤, 시루떡, 북어 두 마리, 촛불이 놓여 있었습니다. 돼지는 입에 만 원짜리 지폐를 물고 있었고, 꼭 좋아서 웃고 있는 것 같았습니다. 사람들이 다 모이자 호흡을 가다듬고 소리 높여 하나님께 감사의 기도로 시작했습니다.

"하늘의 해와 달과 별들을 지으신 하나님, 감사합니다.
각종 식물들과 동물들을 창조하신 하나님, 감사합니다.
바다와 그 가운데 모든 물고기를 창조하신 하나님, 감사합니다."

기도를 통해 조명 역할을 하고 있는 보름달과 제사상 위에 있는 모든 것들은 하나님에 의해서 창조되었다는 것을 선포했습니다. 이어서 요한복음 3장 16절의 말씀을 암송하면서 구원의 메시지를 선포했습니다. 마지막으로 축복 기도를 드렸습니다.

"감자 농사가 풍년 되게 하소서.
고추에 병이 없게 하시고 풍년 들게 하소서.

옥수수 농사가 잘되게 하소서.

어르신들이 올해 건강하게 하소서.

우리 자손들을 축복해 주셔서

가정마다 행복하게 하시고 사업이 번성하게 하소서.

여기에 모인 우리 모두를 축복하소서.

우리를 죄에서 구원하신 예수님의 이름으로 기도합니다."

기도를 마치자 사람들은 놀랍게도 "아멘"했습니다. 나는 마음으로 몹시 놀라면서 속으로 기도했습니다.

'주님, 저들의 입술의 고백을 받으소서.'

그 후로 세월이 흘러서 마을에 교회가 세워지고 예수를 믿는 성도들이 늘어나면서 점차 교회의 영향력이 생겨나게 되었습니다. 예수를 믿게 되는 사람이 늘어날수록 거리제사에 참석하는 숫자가 상대적으로 줄어들기 시작했습니다. 작년 거리제사에서는 서로 싸우고 불평하다가 흩어졌습니다. 거리제사를 지내는 가장 큰 이유는 마을의 화합과 안녕을 기원하는 것인데 오히려 정반대의 결과를 낳게 되자 서로에게 실망했습니다. 마을 반장이면서 목사인 내가 거리제사를 적극적으로 반대했다면 더 큰 갈등이 생기고 교회에 대해서 등을 돌렸을 것입니다. 그러나 말없는 믿음의 영향력이 엄청난 결과를 만들어냈습니다. 이것은 진정 기적이었습니다.

기적이라는 말과 거울이라는 말은 "놀랍다"라는 라틴어의 동일한 어원에서 왔습니다(라틴어 mirari, "to wonder at"). 우리가 어떻게 기적을 일으킬 수 있습니까? 기적은 오직 주님께만 속한 것입니다. 우리가 기적을 일으킨다는 것은 우리가 거울이 되어 예수 그리스도를 반사할 때 일어납니다.

"주님, 저는 단지 거울처럼 당신을 반사할 뿐입니다. 저를 주님을 반사하는 기적의 거울로 사용하소서!"

두 세계

주일 예배를 마치고 성도들과 함께 떡만두국을 먹고 난 후, 차를 마시면서 담소를 나누고 있는데 호주머니 속에 있던 핸드폰이 자신의 몸을 떨기 시작했습니다. 발신자는 같은 동네 함 씨였습니다. 함 씨는 폐암 말기 환자입니다. 병원에서 더 이상 손을 쓸 수가 없어서 집에 와 있는 상태입니다. 전화를 받자 아주머니의 긴박한 목소리가 들려왔습니다.

"목사님, 저희 집 아저씨가 고통이 너무 심해요. 병원에 갔으면 합니다. 차를 태워주시면 안되겠어요?"

"알았어요. 조금만 기다리세요. 곧 가겠습니다."

성도들에게 자초지정을 이야기하고 함 씨 댁으로 급하게 차를 몰고 갔습니다. 함 씨는 올해 나이 예순하나입니다. 농촌에서는 젊은 나이입니다. 그동안 병고로 피골이 상접했습니다. 홍천읍에 있는 병원에

도착해서 바로 응급실로 들어갔습니다. 갖가지 검사를 마친 후 입원실로 자리를 옮겼습니다. 모든 조치를 취하고 집으로 돌아왔습니다. 돌아오는 길에 담당 의사로부터 들은 말이 계속 귓가에 울려왔습니다.

'아마 며칠 못 갈 겁니다.'

정말 며칠이 지나지 않은 새벽녘에 함 씨의 부음(訃音)을 들었습니다. 소식을 듣고 병원에 찾아간 것은 아침 여덟 시였습니다. 아주머니는 나를 보자 눈물을 쏟으며 붙잡고 오열합니다.

"목사님, 저희 아저씨 보고 싶어서 어떻게 해요?"

"이렇게 빨리 갈 줄 몰랐어요."

정말 아까운 사람이라는 생각을 많이 갖게 하는 분입니다. 나그네와 고아처럼 살아온 그의 인생은 파란만장했습니다. 온갖 고생과 방황은 혼자 다한 사람처럼 보였습니다. 나와는 마을을 위해 산나물 공동체를 꿈꾸기도 했습니다. 아쉬움이 많이 남았습니다. 그래서 2박 3일 장례식장에서 함께 지냈습니다. 춘천 화장터까지 가서 모든 절차를 마무리할 수 있도록 도와주었습니다. 근래에 우리 마을에 초상이 두 번 더 있었습니다. 작은 마을인데 이로 인해 분위기가 침울합니다.

초상을 치르고 집에 왔을 때 우리 집 강아지들이 나를 보자 꼬리치고 주위를 뱅뱅 돌면서 반가운 표현을 마음껏 했습니다. 이들은 내 기분에 아랑곳하지 않았습니다. 초상으로 마을 사람들의 얼굴과 마음은 잔뜩 위축되어 있는데 집 앞에 시냇물은 얼음 속에서 졸졸 소리를 내며 흐릅니다. 갈대 숲 사이를 오가는 참새들의 수다 떠는 소리가 명랑

합니다. 이 모두 늦겨울의 정취입니다. 밤하늘의 별들도 시원스럽게 매달려 있습니다. 어제 떴던 해가 오늘 다시 솟아오릅니다. 변한 것이 하나도 없는 것처럼 말입니다. 잣나무 가지에서 바람 지나가는 소리가 들립니다. 땅이 꺼질 것 같고 하늘이 무너질 것 같은 상황에도 달맞이꽃 싹이 넓적한 모습으로 웃고 있습니다. 작년과 똑같은 모습입니다. 어느 것에도 영향 받지 않는 일상의 세계 앞에서 바짝 긴장하려던 내 마음이 조금씩 풀어집니다. 변한 것 같은데 변한 게 없습니다.

"세대는 왔다가 가지만 세상은 변함이 없구나"(전 1:4, 현대인의 성경).

아가서에 나오는 술람미 여인은 사람들이 보기에 평범 이하입니다. 평생 포도원에서 일만 했습니다. 외모도 잘생기지 않았습니다. 분명히 번듯한 학교에서 공부한 적도 없을 겁니다. 단지 시골 처녀에 불과했습니다. 이런 그녀가 지덕체(智德體)를 겸비한 당대 최고의 왕인 솔로몬을 만나 결혼했습니다. 그녀는 이것이 꿈인지 생시인지 몰라 혼동하는 감정을 표현했습니다.

"내가 잘지라도 마음은 깨었는데"(아 5:2).

두 세계 속에 있는 술람미 여인입니다. 사람들이 경험하는 세계가 있고 하나님이 주관하고 계신 세계가 있습니다. 이 두 세계를 통통한

무를 자르듯이 분리할 수는 없지만 사람들의 세계는 대체로 오감에 의해 감지될 수 있고 하나님의 세계는 인간의 오감을 넘어섭니다. 창공으로 십리만 올라가도 인간은 보이지 않고 하나님이 다스리고 계신 자연세계만 보입니다. 조금만 위로 올라가 보세요. 상상으로 구름 위에 앉아서 아래를 내려다보세요. 세계가 달리 보일 것입니다. 또 다른 세계가 있습니다. 그것도 아주 다른 세계입니다. 우리가 알고 있거나 경험한 것보다 더욱더 신비한 세계입니다.

공동체에 '카라'(헬라어로 '기쁨'이라는 뜻)라는 강아지가 있습니다. 카라는 원래 서울에서 살다가 이사 온 강아지입니다. 도시의 한정된 공간에서 살다가 완전 자유의 공간으로 나오자 신바람이 나서 온 산과 들을 쏘다닙니다. 닭을 쫓기도 하고 산짐승 소리만 나면 그곳을 향해 참견하느라고 짖어냅니다. 이것도 모자라 밤에도 산에 올라가 산짐승과 기 싸움을 하는 듯 계속 짖어댑니다. 카라는 지금 완전 다른 세계를 살고 있습니다.

하나님은 매일 우리에게 나무, 해, 달, 시냇물, 별, 새싹, 입이 두툼한 직바구리, 신선한 호흡, 사랑스런 친구들의 목소리, 의기 투합한 선교 동지들 등등 수많은 은혜를 주셨습니다. 놀라운 세계가 아닙니까? 이것이 오늘 내가 살아갈 이유입니다. 앞으로 우리가 맞이하게 될 새 하늘과 새 땅인 영원한 하나님 나라는 어떨까요?

2장

가을,
알밤과 하나님의 말씀

알밤과 하나님의 말씀

새벽 두 시에 아내가 나를 깨웠습니다. 조금은 겁에 질린 표정으로 아래층에 누가 있다는 것입니다. '이 밤중에, 이 산골 짜기에 누가 왔을까?' 하는 의문을 가지면서 '산 도적인가? 아니면 들짐승인가?' 하는 생각에 조금 겁이 났습니다. 조심스럽게 불을 켜면서 방마다 점검하기 시작했습니다. 방문자 숙소인 1층에는 방이 세 개, 화장실 두 개, 부엌이 하나 있습니다. 각 방문을 열면서 확인해 보았지만 아무도 없었습니다. 다시 잠자리에 들었다가 새벽 5시 30분, 기도 시간에 기도의 집으로 올라갔습니다.

기도하고 말씀을 묵상하고 있는데 갑자기 어떤 물체가 지붕에 떨어지는 소리가 났습니다. 그리고는 대굴대굴 구르면서 땅바닥으로 떨어졌습니다. 기도의 집 지붕이 슬레이트로 되어 있기 때문에 소리가 크게 들렸고 그 소리에 깜짝 놀랐습니다. "뭐지?" 하고 생각하다가 곧 알게 되었습니다. 그것은, 기도의 집 바로 뒤에 커다란 밤 나무가 있는데, 요즘 아람이 벌어지면서 알밤이 떨어지는 소리였습니다. 새벽 두 시에 일어났던 산 도적 사건의 의문이 풀렸습니다. 밤 떨어지는 소리를 산 도적이 든 것처럼 겁을 냈습니다. 순간 내 영혼을 깨우시는 주님을 묵상했습니다. "깨어 있으라"는 말씀으로 이 밤에 나를 깨우셨습니다. 알밤 하나가 재림하실 주님을 묵상하게 했습니다. 그 알밤은 곧 주님의 전령(傳令)이었습니다.

봄이 되어 씨를 파종하고 모종을 옮겨 심는 것도 재미있지만, 가을이 되어 익은 곡식들을 추수하는 재미는 또 다른 기쁨을 줍니다. 밭과 집 주변에 심어 놓은 들깨를 추수하는 날이었습니다. 미리 낫으로 들깨를 자른 후 햇빛에 말려서 막대기로 두들겨 타작을 했습니다. 예상보다 꽤 많은 들깨가 나왔습니다. 타작한 들깨들은 알곡과 쭉정이로 이루어졌습니다. 칸이 굵은 체로 여러 차례 걸러냈습니다. 그랬더니 아주 작은 향기로운 들깨들만 남았습니다. 알곡은 모아 곡간에 넣고 쭉정이는 따로 골라서 불에 태운다는 성경 말씀이 생각났습니다.

그런데 매우 작은 건초 부스러기들이 들깨와 같이 있었습니다. 이것은 체로 거를 수 없었습니다. 들깨와 같이 작기 때문에 체에 거른다 해도 똑같이 빠져 나오기 때문에 소용이 없었습니다. 그래서 들깨를 바람이 부는 곳을 향하여 떨어뜨렸습니다. 그랬더니 가벼운 건초들은 다 날아가고 알곡 들깨만 남았습니다. 건초들과 함께 날아가는 들깨들도 있었습니다. 그것의 양은 거의 절반이었습니다. 처음에는 들깨가 작기 때문에 바람에 모두 날아간 것으로 생각했습니다만 나중에 확인해 본 결과 그것은 들깨 쭉정이들이었습니다. 겉으로 보기에는 알곡 들깨와 전혀 다를 바가 없었습니다. 그러나 바람을 통과하자 알곡과 쭉정이가 완전히 구별되었습니다. 처음에는 들깨가 많이 수확된 줄 알고 좋아했다가 바람을 통해 남은 알곡을 보자 약간 실망했습니다. 강풍이 아니라 작은 미풍이었는데 그 위력은 대단했습니다. 작은 들깨를 알곡과 쭉정이로 정확히 구별시켰습니다.

> "악인들은 그렇지 아니함이여 오직 바람에 나는 겨와 같도다 그러므로 악인들이 심판을 견디지 못하며"(시 1:4-5).

바람은 강력한 심판의 도구입니다. 바람 속에서 하나님의 심판의 메시지를 듣습니다.

예수님은 성령을 바람으로 설명하셨습니다(요 3:8). 예수님은 믿음을 설명하면서 들의 백합화와 공중의 까마귀를 이용하셨습니다. 하늘 높은 곳에 떠있는 태양을 통해서 하나님의 공평하신 사랑을 설명하셨습니다(마 5:45). 자연 속에서, 혹은 삶 속에서 예수님은 그의 거룩한 진리의 말씀을 선포하셨습니다. 가뭄, 씨앗, 알곡, 가시 떨기, 돌밭, 겨자씨, 곳간, 광야, 구름, 무화과, 누룩, 늑대, 달걀, 독사, 독수리, 물, 물고기, 그물, 밀, 이삭, 번개, 벌레, 별, 불, 빛, 빵 굽기, 뽕나무, 산비탈, 샘, 생수의 강, 연기, 어린이, 포도, 목자, 어부, 태양, 하루살이, 모래, 바위, 자연과 환경은 예수님의 삶이면서 동시에 말씀의 도구였습니다. 자연은 예수님의 계시였습니다.

"내 아버지는 농부라"(요 15:1)고 말씀하신 예수님은 이마에 구슬땀을 흘리며 추수를 바라보면서 기대와 열심 속에 있는 농부의 모습을 하나님으로 비유했습니다. 요즘 농촌은 바쁜 계절입니다. 서리가 내리기 전에 거두어 들여야만 하는 곡식이 있기 때문입니다. 고구마, 호박, 고추 등입니다. 만약 이런 곡식들이 서리를 맞는다면 전혀 먹을 수 없게 됩니다. 서리는 정말 무섭습니다. 한순간에 모든 것을 심판합니다. 농부는 오직 추수에만 전념합니다. 이것은 콩알 하나가 비싸기 때문이 아닙니다. 수입산 콩은 얼마든지 싸게 구입할 수 있습니다. 그러나 콩알 하나가 소중한 이유는 1년의 세월을 사랑으로 돌보았기 때문입니다. 사랑 때문에 서리가 내리기 전에 곡식을 서둘러 거두어들이려는 농부의 마음이요 하나님 우리 아버지의 마음입니다.

미국의 여성 신학자 페메 퍼킨스(Pheme Perkins)는 예수 그리스도를 생태적 예수로 묘사하면서 다음과 같이 썼습니다.

> "예수의 자연 비유는 낭만적인 문학작품이 아니다. 그것은 모든 것이 암울해 보이는 상황 속에서도 우리가 끝까지 신뢰할 수 있는 무엇, 즉 하나님의 '지금 여기 계심'에 대한 비전을 일깨우는 것이다."

하나님의 말씀은 멀리 있지 않습니다. 하나님의 말씀은 바로 우리

옆에 있을 뿐만 아니라 더 나아가서 온 우주에 충만해 계십니다. 하나님의 말씀을 얻기 위하여 바다 끝까지 갈 필요가 없고, 특별히 신령하다고 여겨지는 장소나 사람을 만날 필요도 없습니다. 지금 바로 여기에 하나님의 말씀은 있습니다. 아기가 엄마의 자궁 속에서 모든 것을 공급받고 보호받듯이 우리는 하나님의 말씀 속에 있습니다.

영적 절제

둘째 딸 샤론이와 함께 뒷산에 도토리를 주우러 갔습니다. 참나무마다 도토리가 모두 열리는 것은 아닙니다. 그중에도 열리는 나무가 있습니다. 한 참나무 밑에 많은 도토리가 떨어져 있었습니다. 샤론이와 함께 도토리를 줍기 시작했습니다. 하나씩 떨어져 있는 것도 있지만 두세 개씩 모여 있는 것도 있었습니다. 도토리를 줍고 나면 바로 옆에 도토리가 또 있었습니다. 떨어져 있는 도토리를 정신없이 주었습니다. 그러다가 옆에서 도토리를 줍고 있는 샤론에게 말했습니다.

"샤론아, 도토리 정말 많지?"

그랬더니 샤론이가 나의 말에 동의한다는 표현으로 어깨를 한 번 들썩이며 말했습니다.

"정말 많아요. 너무 많아서 줍는 것을 멈출 수가 없어요."

도토리를 주워 본 사람이라면 이 말을 이해할 것입니다. 줍고 나면 바로 옆에 또 있기 때문에 정말 멈출 수가 없습니다. 그러다 보면 처음에 줍던 곳과는 전혀 엉뚱한 곳에 와 있는 자신을 발견합니다. 도토리 줍는 즐거움과 눈앞에 있는 도토리 때문에 샤론이와 나는 어디로 가고 있는지도 몰랐습니다. 어느덧 주위가 어둑어둑해지는 데도 잘 몰랐습니다.

예수님이 이 땅에 오셔서 가장 힘들었던 것 중에 하나는 바로 영적 절제였을 것입니다. 예수님은 온 우주의 주인이신 하나님의 아들이십니다. 모든 능력과 특권을 가지신 분이십니다. 세상의 어떤 권력가와 비교할 수 없는 힘을 가지신 분이십니다. 참 하나님이신 그런 예수님이 참 인간이 되셨습니다. 영원하신 분이 33세의 짧은 한정적인 인생을 사셨습니다. 그것도 사람들에게 멸시를 받으시고, 사람들에 의해 죽으셨습니다.

제자들은 예수님의 반대자들을 바라보면서 예수님께서 능력을 나타낼 것을 요청합니다. 그때 예수님은 "너희는, 내가 내 아버지께, 당장에 열두 군단 이상의 천사들을 내 곁에 세워 주실 것을 청할 수 있다고 생각하지 않느냐?"(마 26:53, 표준새번역)라고 말씀하셨습니다. 예수님은 능력이 있으셨지만 절제하셨습니다. 그것은 하나님의 때와 섭리 때문이셨습니다. 예수님은 두 발을 가지고 있었지만 사도 바울처럼 이스라엘을 떠나 소아시아와 유럽 혹은 아프리카와 같은 해외로 전도여행을 떠나지 않으셨습니다. 예수님이 만약 당시에 교회를 개척하셨다면 세상에서 가장 큰 교회를 세웠을 것입니다. 그러나 주님은 교회를 개척하지 않으셨습니다. 오히려 주님은 그의 제자들이 더 큰 일을 할 것이라고 말씀하셨습니다.

"나를 믿는 사람은 내가 하는 일을 그도 할 것이요, 그보다 더 큰 일도 할 것이다"(요 14:12, 표준새번역).

그런데 이러한 예수님의 영적 절제는 자신으로부터 나왔다기보다는 하나님 아버지로부터 나온 것임을 알 수 있습니다.

"내가 아무것도 스스로 할 수 없노라… 나를 보내신 이의 뜻대로 하려 하므로…"(요 5:30).

예수님은 하나님에 의해 철저히 절제된 삶을 사셨습니다.

하나님의 사람들에게 영적 절제가 얼마나 어려운 것일까요? 영적 절제가 이루어지지 않아서 파멸하는 영적 리더들이 얼마나 많습니까? 영적 훈련을 통해 얻은 신비한 은사들을 은근히 자랑하고 싶은 마음과 신령한 것으로 말미암아 자신을 예언자, 능력자, 성령의 은사자, 순교자, 뛰어난 설교자 등으로 나타내고 싶어 하는 유혹을 받을 때가 얼마나 많습니까?

대부분 주님의 종들은 이러한 영적 은사들이 없어서 문제지 만약 주어진다면 영적 은사들을 극대화시켜서 자신의 영적 명예를 높이는

데 사용할 것입니다. 영적 절제를 가장 잘 하지 못하는 집단이 바로 이단들입니다.

하나님이 우리들에게 영적인 절제의 시간을 줄 때가 있습니다. 이 과정을 통해 얻을 수 있는 것은 바로 우리의 영적인 은사보다 하나님, 그분에 대한 관심과 사랑을 갖는 것입니다. 하나님은 그분으로부터 멀어지게 하는 그 어떤 것도 용납하지 않습니다. 우리에게 영적 은사가 나타나지 않고 영적 무기력과 혼돈의 상태에 있다면 우리는 하나님께 더욱더 큰 영적 은사를 구하기보다는 영적 은사의 주체이신 하나님에 대한 사랑을 더욱더 갈망해야 합니다.

우리는 우리의 영적인 은사의 분량이 곧 자신의 믿음의 분량으로 생각하거나 영적 은사와 자신을 동일시하려고 합니다. 하나님이 주시는 영적 절제의 시간을 통해서 우리가 얻을 수 있는 것은 자신을 신뢰하려고 했던 부분과 하나님의 선물인 성령의 은사를 신뢰하려는 마음들을 버리고 오로지 하나님만을 의지하는 것입니다.

그래서 도토리를 주우면서 나 중심적인 생각과 삶으로 가득 찬 자신의 모습을 하나님께 내어드리고 하나님의 현존과 긍휼을 구하면서 도토리 하나하나에 다음과 같은 기도의 말을 붙이면서 주웠습니다.

"주 예수여, 저를 불쌍히 여기소서!"

악(惡)에 대하여

내 딸 조이와 샤론이를 등교시키고 돌아오는 길에 동네 할머니 한 분을 만났습니다. 그 할머니가 예쁜 병아리 다섯 마리를 주셔서 집으로 가져왔습니다. 울타리를 철망으로 만들고 밤에 올라가서 잘 수 있는 횃대도 있는 병아리 보금자리를 만들어 주었습니다. 아침 일찍 병아리 집으로 갔습니다. 그런데 병아리 다섯 마리가 모두 죽어 있었습니다. 두 마리는 흔적도 없이 사라졌고, 나머지 세 마리는 내장이 파먹힌 채 죽어 있었습니다. 죽어 있는 병아리들의 모습을 보니 너무 마음이 아팠습니다.

이것은 모두 들쥐들의 소행입니다. 들쥐가 정말 미워서 쥐구멍 이라도 들어가 혼내 주고 싶은 생각이 들었습니다. 이런 사실을 공동체에 방문한 분과 나누었는데 그분은 쥐덫을 놓아서 모두 잡으라고 했습니다. 좋은 생각이지만 이것은 불가능한 일입니다. 왜냐하면 들쥐의 서식 범위와 번식력을 인간이 도저히 따라갈 수 없기 때문입니다. 미우나 고우나 들쥐하고는 평생 같이 살아야 합니다.

이와 같이 우리는 세상에 만연해 있는 악과 그의 현상들을 봅니다. 주님 오시는 날까지 악을 세상에서 완전히 제거할 수 없습니다. 악은 어제도 오늘도 앞으로도 존재할 것입니다. 우리도 존재하고 악도 존재함으로 우리는 악과 공존하는 법을 배워야 합니다.

우리는 이사야 선지자에게 주신 하나님의 말씀에서 이해하기 힘든 부분을 볼 수 있습니다.

> "나는 빛도 짓고 어둠도 창조하며 나는 평안도 짓고 환난도 창조하나니 나는 여호와라"(사 45:7).

하나님은 빛과 평안도 창조하셨지만 어둠과 환난도 창조하셨습니다. 여기서 하나님이 창조하신 환난에 대해서 봅시다. '환난'은 히브리 원어에는 '라(רָע)'에서 번역된 것으로 그 뜻은 '악(惡, evil)'을 의미합니다. 아담과 하와가 뱀의 유혹에 넘어가 먹은 과실이 선과 악을 알게 하는 나무의 과실이었습니다. 선악과의 '악(惡)' 역시도 같은 히브리어로 '라'라고 하는 단어를 사용합니다. 그래서 이사야서 45장 7절의 말씀을 그대로 직역한다면 "하나님은 평안도 짓고 악도 창조하나니"로 할 수 있습니다. 이쯤 되면 수많은 댓글들이 쏟아져 나올 것입니다.

"하나님이 악을 창조했다고?"

"선하신 하나님이 어떻게 악이라는 것을 창조할 수 있을까?"

"그러면 세상의 모든 악은 결국 하나님 때문이란 말인가?"

"인간에게는 책임이 없는 걸까?"

이런 질문에 대해서 완벽하게 대답할 수는 없습니다. 이것은 인간의 이성을 넘어선 신비하고 비밀스러운 것이기 때문입니다.

그러나 악의 기원에 대한 것에 초점을 두지 않고 현존하는 악의 기능에 대해서 말한다면 좀 더 나은 악에 대한 이해를 할 수 있습니다. 창세기에 의하면 악은 분명히 인간 창조 이전에 창조되었습니다. 사탄도 인간 창조 전에 존재했습니다. 그러므로 악은 인간 때문에 생겨난 것이 아니라 인간을 위해서라고 볼 수 있습니다. 왜냐하면 모든 피조물은 창조주 하나님을 경외하고 예배하게 되어 있기 때문입니다. 하나님이 인간을 그의 모양과 형상으로 창조하셨고 만물을 관리하는 권세를 주셨습니다. 인간 자신도 마찬가지지만, 인간이 다스리고 있는 자연 만물로 하여금 하나님을 예배하게 하는 것이 그의 존재의 목적입니다. 그러기 위해서는 하나님의 존재, 하나님의 성품, 하나님의 사역 등을 분명히 알아야 합니다. 만약 악과 사탄이 없었다면 인간이 얼마나 하나님을 분명히 알 수 있었을까 하는 상상을 해 봅니다. 우리는 어둠 때문에 빛의 존재를 분명히 알 수 있고, 전쟁 때문에 평화가 얼마나 소중한가를 알게 됩니다.

들쥐 때문에 나의 마음 속 깊은 곳에서 동정심과 사랑의 마음이 살아났습니다. 불의에 대한 증오는 정의에 대한 목마름으로 나타나곤 합니다. 사탄 때문에 주님에 대한 사랑이 생기게 되고, 악 때문에 선에 대한 갈급함이 있고, 지옥 때문에 천국의 소망을 더욱더 견고하게 붙잡는 계기가 됩니다.

송 씨 아저씨

"어~이, 어서들 오세요."

"홍 목사님, 새참 드시고 하세요."

도심리 반장인 김 씨가 한 손에 단팥빵을 흔들면서 메밀밭 끝에서 부릅니다.

"예, 알았습니다. 곧 갑니다."

메밀 베던 낫을 허리춤에 찔러 넣으며 옆에 있는 칠순이 훌쩍 넘은 송 씨 아저씨에게 같이 가자고 권했습니다.

"아저씨, 낫질 솜씨가 녹슬지 않았습니다."

오늘은 마을 공동으로 심어 놓은 메밀을 베는 날입니다. 작년과 올해 이상하게 메밀 농사가 시원치 않습니다. 각자 자기들의 농작물은 잘 가꾸지만 공동으로 한 것은 뿌려 놓고 돌보지 않으니 이런 결과를 낳지 않았나 하는 생각이 들었습니다.

"이거 다 팔아도 한 사람 품값도 안 나오겠는 걸."

"내년부터는 마을 공동으로 심는 거 하지 말자고."

귀가 어두운 박 씨 아저씨가 소리를 지르듯 말합니다.

"메밀이 잘되면 씨앗이 서로 엉겨 붙어서 한쪽 끝에서 밀면 다른 끝까지 전체적으로 밀리는 법인데 서삼촌 벌초하다가 남겨둔 풀처럼 듬성듬성 났으니 일하는 재미도 없어."

가는 나뭇가지를 꺾어 귀를 파던 최 씨 아저씨가 거들었습니다. 송 씨 아저씨는 벌써 술기운이 돌았는지 혀에서 꼬부라진 소리가 나옵니다. 눈을 잔뜩 위로 치켜뜨고는 돼지 농장에서 일한지 얼마 안 된 김 씨의 어깨를 흔들면서 말합니다.

"형씨, 뼈빠지게 일해도 무슨 소용이야. 마누라 좋은 일시키는 것뿐이 없어. 읍에 나가서 여자 옆에 두고 술 먹는 것이 최고야. 흐흐흐…. 그러니 형씨도 월급을 마누라에게 다 주지 말어. 아~암, 그래야지."

그러다가 목사인 나를 보고는 고개를 껄떡거리면서 고해성사하듯이 말합니다.

"홍 목사님, 지난번에 교회 가려고 했는데 바빠서 못 갔어요. 송아지가 곧 나오려고 하니 자리를 비울 수가 있어야지요."

송 씨 아저씨가 술에 많이 취했다는 증거는 손가락을 뒤틀면서 허공에 허우적대며 말하는 것입니다. 이 씨 아주머니는 요구르트와 크림빵을 먹으면서 커다란 나무 둥치에 말없이 앉아 있습니다. 며칠 전에 아주머니가 한 말이 생각났습니다.

"목사님, 이대로는 못삽니다. 목사님, 그 양반 어떤 자인지 아세요? 제가 다섯 번째 여자예요. 자기가 직접 말했어요. 생각해 보세요. 얼마나 못됐으면 여자들이 같이 붙어 있지 못하고 다 도망갔을까요?"

아침 안개가 골짜기를 지나 산으로 올라가더니 햇살이 참나무 잎 사이로 들어옵니다. 주님의 손짓으로 느껴져 눈꺼풀이 흔들리고 가슴이 뛰었습니다. 그런데 사람 사는 세상을 바라보면 마음이 왜 이리 아린지 모르겠습니다.

우리가 살아가는 세상은 죄로 인한 고난의 환경으로 이루어져 있습니다. 이것을 인정하는 것만으로도 우리 고난의 절반은 극복한 것입니다. 고난의 문제를 해결하지 못하는 이유 중에 하나는 고난을 완전히 없애려고 하거나 아예 안 만나려는 데 있습니다. 그래서 우리들은 고난을 이기려고 하기보다는 피하려고 합니다. 우리가 존재하는 곳마다 고난도 존재합니다.

고난에 대한 잘못된 생각 중에 다른 하나는 하나님과의 관계입니다. 고난 중에 우리는 하나님과 분리되어 있다고 생각합니다. 우리는 고난으로 인해 죽을 지경에 처해 있지만 하나님은 하늘 보좌에 앉아 계시면서 고난으로부터 어떤 영향도 받지 않으시고 티타임(Tea Time)을 가지고 계신 것처럼 여깁니다. 그러나 결코 그렇지 않습니다. 오히려 하나님은 고난 가운데 먼저 계시면서 고난 속에서 우리를 기다리고 계십니다.

이것에 대한 놀라운 성경 말씀이 있습니다. 요한계시록 13장 8절입니다. 우리들이 가지고 있는 성경(개역개정판)에는 "죽임을 당한 어린 양의 생명책에 창세 이후로 이름이 기록되지 못하고"로 말씀하고 있지만 한글 성경 표준새번역의 난하 주에는 "창세 때부터 죽임을 당한 그 어린 양의 생명책"이라고 말씀합니다. 대부분의 영어 성경과 헬라어 원문도 표준새번역과 동일합니다(the Lamb that was slain from the creation of the world: NIV, KJV).

어린 양의 죽음을 창세 때부터 보는 것이 중요한 이유는 하나님이 고난을 어떻게 사용하셨는가를 볼 수 있기 때문입니다. 어린 양의 피 흘리심은 하나님의 천지창조와 함께 시작되었습니다. 이것은 어린 양이신 예수 그리스도가 골고다에서 십자가에 못 박히시기 훨씬 전입니다. 하나님의 창조의 모든 행위와 피조물에는 어린 양의 피가 배어 있습니다. 어린 양의 죽으심이 우리에게 새 생명을 주듯이 하나님의 천지창조는 죽임을 당한 어린 양이 생명을 부여하는 행위였습니다. 이 죽임을 당한 어린 양이 항상 우리로 하여금 고난을 없애 주는 것이 아니라 고난을 이기게 하십니다. 어린 양의 죽으심이 생명을 낳았듯이 우리의 고난이 생명을 낳습니다. 얼마나 놀라운 일입니까? 산모의 진통과 같이 진정한 생명은 고난으로 인해 탄생합니다. 고난의 과정 가운데 있는 사람은 어린 양과 함께 생명을 잉태하고 있습니다.

상강(霜降)

서리가 내린다는 24절기 중에 하나인 상강(霜降)이 지났습니다. 상강은 농부들에게는 매우 중요한 절기 중 하나입니다. 상강에는 거의 모든 추수가 끝납니다. 왜냐하면 서리 맞은 모든 농산물은 더 이상 생존할 수 없기 때문입니다. 공동체 주변에 심어 놓았던, 하늘을 덮을 만큼 큰 잎을 가진 호박도 서리에 풀이 죽은 모습은 측은하기 그지없습니다.

상강에 모든 식물들이 끝을 생각하고 있을 때에 녹차 꽃은 가장 그윽한 향기를 낸다고 합니다. 녹차 꽃은 다섯 개의 잎을 가졌는데 우리 선조들은 녹차 꽃에 인생의 다섯 가지 의미를 두었습니다. 녹차에는 다섯 가지의 맛, 즉 고(苦), 감(甘), 산(酸), 신(辛), 삽(澁)이 있는데 이것으로 인생에 대해서 교훈을 삼았고, 차례대로 하면 너무 어렵게도, 너무 편하게도, 너무 복잡하게도, 너무 화려하게도, 너무 힘들게도 살지 말라는 뜻으로 여겼다고 합니다.

들판에는 서리가 내렸지만 공동체 돌담 밑에 심어 놓은 국화는 힘 있고, 우아하고, 아름답게 피어 있습니다. 국화꽃을 자세히 보고 또 보노라면 현기증이 날 정도로 오묘함을 느낍니다. 자연의 변화와 그 속에 있는 깊은 섭리를 보면서 하나님의 존재를 부인하는 인간의 마음은 어떤 것일까 의문을 가져봅니다. 하나님보다 높아지지 않고서야 어찌 하나님의 존재를 부인할 수 있을까요?

하나님의 존재를 부인하는 것은 세상 사람들의 모습이라고 한다면, 하나님의 존재를 왜곡하는 것은 현대 교회의 큰 문제라는 생각이 들었습니다. 현존하시는 하나님을 그대로 믿는 것이 아니라 자신들이 상상으로 만들어 내거나 개인적으로 경험한 하나님을 믿는 데 집착해 있습니다. 이것은 곧 영적 우상숭배와 같습니다.

성경에서 하나님이 가장 싫어하는 죄악 중에 하나는 우상숭배입니다. 하나님이 우상숭배를 그토록 싫어하는데도 이스라엘 백성들은 우상숭배의 죄악 속에서 살았습니다. 출애굽할 때에도 모세가 시내산에서 더디 내려오는 것을 기다리지 못하고 자신들의 신을 만들었습니다.

“일어나라 우리를 위하여 인도할 신을 만들라”(출 32:1).

금으로 송아지를 만들고 나서 아론은 말하기를 “이는 너희를 애굽 땅에서 인도하여 낸 너희의 신이로다”(출 32:4). 그리고 나서 아론은

"내일은 여호와의 절일이니라"(출 32:5)라고 말한 것으로 보아 금송아지 자체를 여호와로 보았음을 알 수 있습니다. 그들은 여호와를 금송아지의 형상으로 바꾸어 놓았습니다. 금송아지는 그들이 원하는 하나님 형상이었습니다. 이것은 그들이 만든 하나님이었습니다. 하나님은 자신의 이름조차도 분명하게 말씀하지 않으셨습니다. 그것은 하나님의 존재가 이름에 의해 제한되는 것을 막기 위해서입니다.

지금 우리가 부르고 있는 '여호와 혹은 야훼'는 원래 히브리어에서는 없는 발음입니다. 어떻게 발음해야 할지 모릅니다. 그래서 성경에서는 하나님이 어떤 한 이름을 가지기보다는 추상적 개념으로 수많은 이름을 가지고 있는 것을 보게 됩니다. 우리가 원하는, 우리가 기대하는 하나님이 아니라 현존하시는 하나님 그분 자체를 받아들여야 할 것입니다.

우리가 만약 입술로 하나님에 대한 고백이 우리의 마음 중심에 있는 하나님의 모습과 다르다면 우리는 우상을 숭배하고 있는 것입니다. 우리가 만든 하나님이 아니라 하나님이 하나님 되게 하신 하나님을 섬겨야 합니다. 이것에 대해 성경은 수없이 기록하고 있습니 다. 내가 만든 하나님은 더 이상 하나님이 될 수 없습니다. 하나님은 나에 의해서 제한 받으시는 분이 아니십니다. 내가 해석한 하나님이 아니라 하나님에 의해 내가 해석되어져야 합니다.

라이너 마리아 릴케(Rainer Maria Rilke)의 글에서도 하나님의 존재에 대해서 회의를 품고 있는 사람에게 쓴 편지에서 다음과 같이 말했습니다.

“마치 꿀벌들이 꿀을 모으듯 우리는 모든 것들로부터 가장 달콤한 것만을 모아서 하나님을 만듭니다.”

바탕

공동체 주변 산에는 잣나무가 많습니다. 올해는 이 잣나무에 많은 열매가 맺었습니다. 소나무에 맺는 열매를 솔방울이라고 한다면 잣나무에서 맺는 열매는 잣송이라고 합니다. 잣송이 하나에는 약 150-200개의 잣 열매가 들어 있습니다. 우리가 먹을 수 있는 열매는 2년이 되어야 비로소 성숙한 열매가 됩니다. 보통의 곡식들은 1년이 결실의 단위이지만 잣은 2년입니다. 잣 열매는 봄, 여름, 가을, 겨울, 봄, 여름, 가을, 겨울이 지나야 완전한 열매로 성숙하게 됩니다. 2년이라는 과정은 결코 짧은 기간이 아닙니다. 오랜 세월입니다. 잣 열매로 성숙하기 위해서는 뻐꾸기의 울음소리를 두 번 들어야 하고, 폭풍우의 여름을 두 번 통과해야 하고, 두 번 늦가을의 된서리를 견디어내야 하고, 눈보라와 짓누르는 듯한 함박눈도 양팔을 벌리고 꿋꿋하게 이겨내야 합니다. 잣 열매는 반드시 2년이라는 세월의 바탕을 통과해야 합니다. 이것은 하나님이 정해 놓으신 기간입니다. 우리 인간은 모든 것들을 빠르게 단축시키려고 합니다. 그러나 하나님의 자연의 섭리는 일정합니다. 인간의 계획과 시간에 의해서가 아니라 하나님의 섭리에 의해 진행됩니다.

기원전 586년에 남 왕국 유다는 바벨론에 포로로 잡혀가게 되고 거기서 70년이라는 세월을 보내게 됩니다. 고국으로 다시 돌아가게 될 것이라는 선지자들의 예언의 소망을 가지고 바벨론에서 살았지만 실제로 고국으로 귀환을 경험한 사람은 극소수였습니다. 예를 들면, 20세에 잡혀 갔다면 귀국할 때는 90세가 되기 때문에 거의 모든 어른들은 바벨론에서 죽었을 것입니다. 바벨론에서 포로로 살다가 죽어간 사람들은 자신들만의 관점에서 생각한다면 억울한 일입니다. 그들은 포로 생활로 죽도록 고생만 하다가 타국에서 죽어야 했기 때문입니다. 그들이 회개한다고 해서 하나님의 기간이 단축되지 않습니다. 이것은 하나님이 정해 놓으신 기간이기 때문에 비록 힘들고 죽도록 싫어서 피하고 싶지만 그 과정을 겪어야만 합니다. 이 바벨론 포로 기간이 얼마나 중요한지 모릅니다. 이스라엘의 이 역사는 새로운 국가로 탄생하게 되는 바탕이 되었습니다.

사도 바울이 빌립보교회 성도들에게 보낸 편지에서 바로 이것을 격려합니다. 빌립보서 3장 16절 말씀을 주의 깊게 보십시오. 개역개정 성경과 공동번역 성경, 이 두 가지를 보겠습니다. 공동번역 성경이 훨씬 이해가 쉽게 번역되었습니다.

"오직 우리가 어디까지 이르렀든지 그대로 행할 것이라"(개역개정).
"어쨌든 우리가 이미 이룬 것을 바탕으로 해서 다 같이 앞으로 나아갑시다"(공동번역).

올해가 어떤 사람에게는 봄이었을 것이고, 어떤 사람에게는 여름이었을 것이고, 어떤 사람에게는 가을이었을 것이고, 어떤 사람에게는 겨울이었을 것입니다. 그런데 하나님은 우리에게 이러한 과정을 통과하라고 각각의 과정을 주셨습니다. 우리의 관점에서 올해를 잘 살았다 혹은 못 살았다 판단하지 말고 하나님의 섭리의 관점에서 하나님이 나에게 주신 과정으로 보아야 합니다.

이러한 과정은 미래의 바탕이 됩니다. 우리가 실패하고, 넘어지고, 심지어 하나님께 큰 죄를 지었다 하더라도 이 순간은 하나님이 주신 과정의 한 시점입니다. 지금은 우리 인생의 실패와 성공을 말할 때가 아닙니다. 우리 마음의 중심을 오로지 하나님께 두고 하나님을 간절히 찾고자 하는 마음만 있다면 올해는 우리에게 귀한 바탕이 될 것입니다. 이것을 바탕으로 해서 계속해서 주님 나라를 위해 앞으로 나가면, We shall overcome!

못난 심정

봄부터 여름까지 얼마나 울어댔는지 뻐꾸기가 목이 다 쉰 것 같습니다. 목소리의 끝이 갈라지고 힘이 하나도 없습니다. 뻐꾸기는 장마가 시작되기 전에 이삿짐을 꾸리고 우리 마을을 떠나 남쪽 나라로 날아갈 것입니다.

어제 늦은 저녁부터 내린 비로 일을 하러 나가지 못하고 어정쩡하게 앉아 있었습니다. 축축한 안개가 무래리 골짜기를 따라 올라오는 이른 아침, 임 씨 아저씨로부터 전화가 왔습니다. 아저씨는 우리 마을의 몇 안 되는 토박이입니다. 술을 무척 좋아합니다. 술안주는 연한 찔레 순에서부터 시냇물에 사는 버들치까지 잡아서 즉석에서 해결합니다. 착하게 생긴 아저씨가 술만 들어가면 평소에 유감 있었던 사람들의 이름을 들먹이며 개가 어쩌느니 돼지가 어쩌느니 하면서 욕을 해댑니다. 평소에는 순진한 농부가 어찌 저렇게 변할 수 있을까 의문이 들

정도입니다.

“목사님, 뭐 하셔요? 오늘 시간 좀 있어요?”

“그렇잖아도 비가 와서 무슨 일을 할까 생각 중이에요. 왜 그러세요?”

“자동차 정기 검사를 받아야 하는데 목사님이 함께 가 주셨으면 해서요.”

“알았어요, 잠시만 기다리세요. 곧 가겠습니다.”

임 씨 아저씨는 2005연식 갤로퍼를 가지고 있습니다. 운전면허는 있지만 운전을 할 줄 모릅니다. 그래서 매년 자동차 검사를 받을 때는 다른 사람의 도움을 꼭 받아야 합니다. 아저씨의 차는 집으로 들어가는 입구에 항상 세워져 있습니다. 언제나 두 눈을 부라리고 들어오는 사람마다 위아래를 훑어보는 것처럼 멀뚱히 서 있습니다. 이런 임 씨 아저씨를 보고 동네 사람들은 서로 수군거립니다. ‘자동차가 도둑을 지켜 준다나.’

차를 몰고 아저씨와 함께 홍천읍에 있는 검사소로 향했습니다. 가는 길에 송 씨의 고추밭을 지나게 되었습니다. 송 씨의 고추들이 탄저병에 걸려서 하얗게 말라 죽어가고 있었습니다. 지난 주에는 한쪽 귀퉁이만 걸렸는데 이제는 천 평 넘는 고추밭으로 퍼져 버렸습니다.

“참, 딱한 노릇이네. 저렇게 고추가 죽어가니 그동안 한 농사가 다 헛것이 되었네.”

“올해 비가 많이 와서 그런가 봐요.”

"이제는 농사지어서 살기 어려워. 뭐 하나 해 볼 게 있어야지. 송 씨도 참 안됐어."

임 씨 아저씨는 고추의 병든 원인에 대해서 여러 가지로 설명을 늘어놓았습니다. 그런데 아저씨의 이야기를 들으면서 가끔 그의 표정 속에서 이상한 느낌을 받았습니다. 지나치게 흥분하면서 말하고 중간중간 입가에 은은한 미소가 감돌고 있었습니다. 말의 내용은 참담한데 표정은 신이 나 있었습니다. 임 씨 아저씨는 분명 좋아하고 있었습니다. 더 놀란 것은 그 이야기를 듣고 있는 나 역시도 싫은 마음이 아니었습니다. 매우 흥미 있는 내용을 듣는 것처럼 좋아하고 있었습니다.

'아하, 이것이 무슨 마음이지? 목사의 마음이 참 희한하다.'

쉽게 말하면 남이 못되기를 바라는 마음, 타인의 실패를 좋아하는 마음입니다.

'이런 마음이 어디로부터 왔을까? 주님께로부터 온 마음은 아닐 텐데….'

이 얼마나 기괴하고 수치스러운 심정입니까?

사탄은 그의 시작부터가 남이 못되기를 바라는 것으로 가득 차 있었습니다. 그는 원래 천사였습니다. 유다서에서는 "자기 지위를 지키지 아니하고 자기 처소를 떠난 천사들"(유 1:6)이라고 표현합니다. 하나님이 천지를 창조하실 때 천사들은 심부름꾼으로 일했습니다(욥 38:7, 표준새번역). 에덴동산에 있을 때는 각종 보석으로 아름답게 단장한 완전한 모델이었고 지혜가 충만하고 나무랄 데 없이 아름다웠습니다(겔

28:12-13). 이런 천사가 자신의 아름다움으로 교만하여져서 하나님의 심판을 받고 땅으로 떨어지되 지옥의 가장 깊은 구덩이에 내팽개쳐진 신세가 되었습니다(사 14:15). 이때부터 날개를 잃은 천사의 못난 심정을 갖게 되었습니다. 날개를 잃은 천사는 어두컴컴한 지옥 구석에 웅크리고 앉아서 모든 존재가 자기와 똑같은 처지가 되기를 바라고 있습니다. 다른 사람이 못되기를 바라는 마음은 바로 이 죄를 범한 천사로부터 온 것입니다. 그 마음은 곧 자기 모습의 표현입니다.

아침 햇살이 낙엽송 사이로 들어옵니다. 커튼을 열어젖히고, 창문 열고, 방문 열고 곰팡내 나는 구석구석에 눈부시도록 찬란한 빛을 주었습니다. 쥐며느리가 바쁜 걸음으로 어두운 곳을 찾느라고 분주합니다. 전에 보이지 않던 곱등이도 이리 펄쩍 저리 펄쩍 뛰면서 우왕좌왕합니다. 먼지가 빛에 반사되어 방 안 가득히 돌아다닙니다.

문을 여세요. 영혼의 창문을 여세요. 꾸밈과 교묘하게 환심 사기, 외식과 체면, 은폐와 거짓말은 영혼의 창문을 열면 사라집니다.

영혼의 어두운 공간에서 마귀와 싸우려고 너무 힘쓰지 마십시오. 마귀도 만만하지 않습니다.

오히려 우리의 영혼이 주님을 향한 갈망으로 가득 차게 하십시오. 우리 안에 있는 성령을 통해 항상 주님의 말씀이 심성 가운데 머물러 있게 하십시오. 그러면 마귀는 날개 꺾인 자신의 비참한 모습을 보고 견딜 수 없어서 완전히 떠나게 될 것입니다. 정말입니다.

본능

저녁 기도 시간에 기도의 집 긴 의자에 등을 기대어 앉았습니다. 기도의 집에 들어오기 전에 맡았던 은은한 들국화 향기가 황토벽에서 나는 냄새와 어우러져 머리를 시원하게 했습니다. 땅거미가 슬금슬금 기어 올라와 기도의 집 창문에 걸터앉았습니다. 천장 속에는 다람쥐가 알밤을 옮기다가 떨어뜨렸는지 밤 굴러가는 소리와 황급히 쫓아가는 발소리가 요란합니다. 어떤 찬양을 할까 생각하면서 앞에 놓여 있는 찬양집을 뒤적거렸습니다. 그러다가 그냥 기도하기로 했습니다.

눈을 감고 허리를 곧게 펴고 침묵으로 기도하려는데 눈앞에 알밤들이 아른거렸습니다. 오후 내내 만났던 알밤들이 기도의 집까지 쫓아왔습니다. 풀 속에 얼굴을 내밀고 있는 알밤은 방긋 웃는 아기의 얼굴과 같았습니다. 이미 마음에 들어와 하나 가득 되어 버린 알밤을 아무리 몰아내려고 해도 아무 소용없었습니다. 포기하려는데 갑자기 알밤들이 하늘로 올라가 버렸습니다. 그순간 알밤들이 나에게 하나님의 창조 세계가 운행하는 근본 원리를 알려 주었습니다. 기도의 집 옆에는 커다란 밤나무가 서 있습니다. 족히 백 년은 넘어 보입니다. 이 밤나무의 내력이 궁금해서 우리 동네에서 가장 오래 사신 신 씨 할머니에게 물어보았습니다.

신 씨 할머니는 한국전쟁 이전에 이곳으로 시집 와서 화전민(火田民)으로 살다가 지금까지 밭농사를 지으며 살아왔습니다. 신 씨 할머니만큼 우리 마을의 역사를 잘 아는 사람도 없습니다. 할머니의 머릿속에는 산나물과 산 약초 지도가 있고, 버섯 지도도 들어 있습니다. 계절이 바뀔 때마다 나에게 산나물, 산약초, 갈버섯, 능이버섯, 싸리버섯 등이 많이 나는 산과 골짜기를 알려 주셨습니다. 이것을 말할 때는 다른 사람들은 듣지 말아야 한다는 듯이 소곤거리며 내 귀에 비밀을 넣어 주었습니다.

"할머니, 교회 옆에 있는 큰 밤나무를 아세요?"

"잘 알지유. 그 밤나무는 내가 여기에 왔을 때도 아주 컸지유. 모르긴 해도 100년은 훨씬 넘었을 거여."

이 밤나무에는 매년 많은 밤이 열립니다. 요즘에도 수많은 밤이 떨어집니다. 밤송이의 외부는 날카로운 가시들로 이루어져 있지만 알밤이 들어 있는 내부는 꼭 엄마의 품과 같습니다. 품고 있던 아기를 세상에 보내는 것처럼 밤을 세상에 내려 보냅니다. 그들은 다시 돌아갈 수 없고 이 가을에 독립해야 합니다.

알밤을 줍기 위해 밤나무로 갔습니다. 밤송이들은 꽤 떨어져 있는데 알밤은 얼마 줍지 못했습니다. 밤들이 모두 어디 간 걸까 궁금해 하면서 여기저기 살피는데 바위 사이에 밤들이 소복이 쌓여 있는 것이 보였습니다. 안쪽으로 작은 굴이 나 있고 다람쥐가 부지런히 다닌 흔적이 있었습니다. 손으로 꺼낼 수가 없어서 막대기로 꺼내기 시작했습니다. 얼마나 밤이 많은지 계속해서 나왔습니다. 다른 바위 사이에도 작은 굴이 있고 그 앞에 많은 밤들이 쌓여 있었습니다.

다람쥐들은 밤이 떨어지기를 기다리고 있습니다. 그들은 밤을 모으기 위해 밤낮으로 일을 합니다. 가끔은 다람쥐들이 갉아먹은 밤들이 나뒹굴어져 있는 것을 볼 수 있습니다. 그들도 일하면서 가끔 밤맛을 봅니다. 하지만 대부분 겨울 준비를 위해 굴속에 저장해 둡니다. 다람쥐는 겨울을 준비할 줄 압니다. 다람쥐가 학교에서 배운 것도 아닐 텐데 누가 이것을 가르쳐 주었을까요? 날 때부터 가지고 나왔습니다. 이것은 하나님이 주신 것입니다. 이것을 본능이라고 합니다.

본능은 하나님의 선물입니다. 아이작 뉴턴은 사과가 떨어지는 것을 보고 만유인력(萬有引力)을 발견했습니다. 나는 밤나무에서 알밤이 떨어지는 것을 보면서 뉴턴보다 더 놀라운 것을 발견했습니다. 바로 피조물들 안에 있는 본능들입니다. 본능들이 하나님의 창조세계를 지탱하고 있습니다. 특별히 하나님은 모든 피조물들에게 미래를 바라보면서 준비하는 본능을 주셨습니다. 하나님이 이런 본능을 생물들에게 주지 않았다면 모든 생물들은 사라졌을 것입니다.

세계는 본능들로 이루어져 있습니다. 엄마가 자기 아기를 끔찍이 사랑하는 것도 본능입니다. 이것이 인류를 존재할 수 있게 했습니다. 추우면 개구리들은 땅속으로 들어갑니다. 그 속에서 내년을 준비합니다. 만유인력도 하나님이 우주 안에 설치하신 본능입니다. 우주는 놀랍고 신비한 본능들로 가득 차 있습니다. 본능은 미래를 위한 것이고 영원한 생존을 위한 것입니다.

하나님은 인간에게도 미래를 내다보고 준비하는 본능을 주셨습니다. 하나님은 "… 사람들에게는 영원을 사모하는 마음을 …"(전 3:11) 주셨습니다. 영원을 사모함은 곧 하나님을 사모함입니다. 히브리어로 영원(오람)을 '미래'로 번역할 수 있습니다. 미래는 우리가 경험하지 않은 세계이지만 반드시 올 세계입니다. 우리에 의해 좌지우지될 수 없습니다. 단지 우리는 미래를 사모하고 준비하는 마음을 가지면 됩니다.

알밤이 "야호~" 하며 떨어집니다. 밤나무에서 떨어진 알밤은 사람도 먹고 다람쥐도 먹습니다. 그러나 그중에 몇 개는 내년에 뿌리를 내리고 싹을 틔울 것입니다. 다음 세대를 위한 것입니다. 한 톨의 알밤이 수천 개의 밤을 떨어뜨리는 우람한 나무로 자랄 것입니다.

사방을 둘러보니 온 세상이 미래를 준비하는 일로 분주합니다. 가을은 한가하고 쓸쓸한 계절이 아닙니다. 미래의 희망으로 가득 찬 계절입니다. 이 가을, 확실한 미래이신 예수 그리스도를 묵상합니다. 우리의 영원한 미래이신 예수 그리스도를 사모하는 모든 마음마다 하나님의 크신 은총이 함께하기를 기도합니다.

근본적인 질문

매주일 저녁에는 공동체 가족회의가 있습니다. 보통 가족회의 때에는 일주일 동안 있었던 일들을 돌아보고 앞으로 있을 일들을 계획하고 서로 격려, 축복, 충고하는 시간입니다.

얼마 전 주일 저녁에 식사를 마치고 마당에서 가족모임을 가졌습니다. 여기저기에서 나뭇가지를 주워 모닥불을 피웠습니다. 뜨거운 여름이 지나고 가을 문턱에 들어선 밤공기는 약간 싸늘했지만 모닥불과 잘 어울리는 밤이었습니다. 밭에서 캔 감자와 고구마를 나중에 먹기 위해 모 닥불 속에 넣어 두었습니다. 밤하늘에는 별들이 초롱초롱 빛나고 반달이 환하게 빛을 비추면서 엷은 미소를 짓고 있습니다. 우리는 하나님께 감사의 기도와 찬양을 드렸습니다.

♬♪ 좋으신 하나님 좋으신 하나님 참 좋으신 나의 하나님

God is so good. God is so good.

God is so good. He's so good to me ♬♩

그때 나는 식구들에게 평상시 하던 대로 회의를 하지 않고 인생의 가장 근본적인 질문을 나누었습니다.

"우리가 이 세상에 어떻게 존재하게 되었을까?" "어떻게 밤하늘에 달과 별들이 존재할까?" "우리의 생김새는 왜 이럴까?" "인간과 우주 만물이 창조되기 전에 하나님은 어떻게 존재하셨을까?"

이 질문들은 신학적이거나 혹은 철학적인 질문이 아닙니다. 무엇을 의심해서가 아니라 존재의 신비함 때문에 생긴 질문들이었습니다.

"정말 신비하다고 생각하지 않니?"라는 말에, "정말 신비해요"라고 딸 샤론이가 대답했습니다.

나의 존재뿐만 아니라 세상에 존재하는 모든 것에 대한 질문과 묵상을 하면 호흡이 멈추는 듯한 신비감을 맛봅니다. 존재하는 것 자체가 얼마나 신비합니까! 흘러가는 맑은 물을 두 손으로 모아 쥐고 한동안 바라봅니다. 그 후에 물을 마시면서 나와 물의 존재의 신비감에 빠져듭니다. 때때로 육체의 욕망에 흠뻑 빠져서 헤어나오지 못할 때도 있고, 분노의 감정 하나 제대로 다스리지 못하는 나약한 존재이지만 하나님의 섭리 앞에서는 신비하기만 합니다.

마침 그때 반딧불이 대여섯 마리가 주변을 날아다니고 있었습니다. 샤론이가 어둔 밤을 무서워하지 않고 "너무 예뻐, 너무 예뻐"를 연발하면서 반딧불이를 잡겠다고 뛰어다닙니다. 샤론이와 함께 반딧불이를 쫓다가 한 마리를 잡았습니다. 조심스럽게 손위에 올려놓고 꽁무니에 야광의 영롱한 광채를 발하는 작은 피조물의 존재의 신비함에 흠뻑 젖어들었습니다. 한국에서 반딧불이를 볼 수 있는 곳이 얼마 없다는 말을 들은 적이 있습니다. 그러기에 반딧불이가 더욱 소중했습니다.

근본적인 질문들을 하면 그나마 내 영혼이 정결하게 되고 수많은 무거운 삶의 짐들이 어깨에서 벗어지는 듯합니다. "나는 누구인가?"라는 근본적인 질문을 많이 하면 할수록 영혼은 많은 위로를 얻게 됩니다. "정직한 질문이 정직한 답을 얻을 수 있다."라고 말한 프란시스 쉐퍼의 말처럼 정직한 질문을 하나님 앞에 있는 나에게 할 때, 그 정직한 해답을 얻게 됨으로 인한 기쁨을 경험합니다. 나는 오늘도 근본적인 질문 앞에 서 있기를 원합니다.

근본적인 질문은 나의 영혼을 정화시켜 줍니다.

근본적인 질문은 나를 겸손하게 합니다.

근본적인 질문은 나의 존재를 귀하게 여길 뿐만 아니라 다른 존재도 귀하게 봅니다.

근본적인 질문은 오직 하나님을 향한 열망으로 가득 차게 합니다.

"하나님, 오직 당신만이 나의 모든 근본적인 질문의 해답이십니다.
아멘, 할렐루야!"

주객전도(主客顚倒)

가을입니다. 모든 것이 떨어지는 계절입니다. 떨어지는 것과 떨어뜨리는 것은 하나입니다. 화려하지는 않지만 그윽하고 숭고한 아름다움을 지닌 채 땅위에 드러누워 있는 낙엽들이 마지막 자신의 삶을 떨어짐으로 표현합니다. 떨어짐은 낙엽만이 아닙니다.

"당신은 정말 아름다웠습니다. 제 마음이 늘 당신과 함께했음을 주님은 잘 알고 계십니다. 당신은 제게 큰 힘과 용기를 주셨습니다. 이제는 하나님 품에 고이 안겨 있을 당신의 이름을 불러봅니다. 이경애 선교사님!"

콩을 추수하고 지나간 밭에 닭들이 한가로이 먹이를 찾고 있습니다. 하나님이 지으신 자연은 엄마의 품과 같아서 포근한 안식을 줍니다. 강아지들은 부지런히 다람쥐를 쫓아다닙니다. 다람쥐는 꼬리를 바짝 치켜 올리고 도망 다닙니다. 그들은 능숙하게 바위에도 오르고 나무에도 오릅니다. 강아지들이 코를 벌름거리면서 쫓아가 보지만 실패합니다. 다람쥐는 나뭇가지에 올라가서 놀리듯이 낄낄거립니다. 물러나는 것이 더욱 신비로움을 자아내는 가을입니다. 국화가 마지막으로 자신의 존재를 유지하려 들지만 곧 물러갈 것입니다. 하늘은 시원스레 열려 있습니다. 들박하 향이 바람에 실려 코끝을 스칩니다. 하나님의 숨결입니다.

믿음으로 산다는 것은 자연과 함께하는 것이라는 생각을 갖게 하는 계절입니다. 시냇물에 송사리와 버들치들에게 몇 번 먹이를 주었더니 전에는 숨느라고 여기저기 돌 틈을 찾았는데 이제는 바로 앞에서 먹을 것 없나 하는 몸짓으로 서성댑니다. 단풍이 유난히 붉습니다. 만상들이 각자 자기의 마지막 길을 준비하고 있습니다. 그것이 참 아름답습니다. 하늘을 내 가슴에 담을 수 있다면 모든 시를 가슴에 담을 수 있을 것입니다.

가을에 주님의 구원을 다시 묵상합니다. 성삼위일체 하나님의 절대 조화에 의해서 이루어진 구원입니다. 구원하신 하나님께 재롱을 떨고 싶습니다. 간도 쓸개도 없는 놈이라는 소리를 들을지라도 아부하고 싶습니다. 사랑을 노래하고 존경을 표현하고 싶은 생각으로 가슴이 터질 것 같습니다.

"하나님이 제게 주신 것들이 너무 많거든요."

"하나님은 제게 명예도 주시고 물질의 복도 주셨습니다."

"너무 큰 사랑 주셨는데 제가 교만했어요."

"하나님을 무시하고 제 잘난 맛에 이제껏 살아왔어요."

내가 살고 있는 도심리 마을 입구에 암 환자들을 위한 치유원이 있습니다. 그곳에 의류사업을 크게 하시던 집사님과의 대화 중에 나온 말입니다.

이분은 대장암 말기입니다. 우리는 때로 철이 들었다고 생각되면 너무 늦어 버린 경우들이 있습니다. 인생을 좀 알만하고 살아가면서 추구해야 할 참된 가치를 알만 하면 세상의 옷을 벗어야 할 때가 되어 버립니다. 무엇을 위해 살았나, 나의 생은 어떻게 될 것인가로 불안하게 되고 궁극적으로는 믿음에 대해서도 다시 생각할 뿐 아니라 믿음에 대한 믿음이 희미해지기도 합니다. 그러나 분명한 것은 구원을 비롯한 모든 영적 원리는 그 주체가 하나님이시고 나머지는 객체입니다. 하나님에 의해 결정되는 것이지 사람에 의해서 결정되지 않습니다. 지나가는 바람이 잠시 내 앞에서 멈칫하더니 다음과 같이 속삭입니다. 내 가슴에 남아 있던 감동을 더욱 분명하게 만들어 줍니다.

"나는 믿고 있다. 내가 얻은 구원은 내가 버린다고 버려지지 않는다는 사실을."

하나님의 사랑에서 끊을 수 있는 것은 아무것도 없다는 것을 분명히 믿습니다.

로마서 9장에서 사도 바울은 희한한 말을 합니다.

"나의 형제 곧 골육의 친척을 위하여 내 자신이 저주를 받아 그리스도에게서 끊어질지라도 원하는 바로라"(롬 9:3).

이 말씀은 사도 바울이 골육 친척의 구원을 위해 순교의 각오를 표현했다면 이해가 됩니다. 그러나 저주를 받아 그리스도에게서 끊어진다는 것은 영원한 사망을 택하는 것인데 정말 이해가 되지 않습니다.

이제 이 말씀을 쉽게 이해할 수 있습니다. 구원의 주체가 바울이 아니라 하나님이라는 사실 때문입니다. 첫째, 바울은 절대 저주를 받거나 그리스도에게서 끊어질 수 없습니다. 우리의 말 한마디에 저주를 받거나 그리스도에게서 끊어질 수 없기 때문입니다. 둘째, 바울이 말한 대로 된다고 해도 바울의 저주가 골육 친척을 구원하지 못합니다. 구원은 보좌에 앉으신 우리 하나님과 어린 양에게만 있습니다.

출애굽기에서 모세도 비슷한 말을 합니다.

"그러나 이제 그들의 죄를 사하시옵소서 그렇지 아니하시오면 원하건대 주께서 기록하신 책에서 내 이름을 지워 버려 주옵소서"(출 32:32).

기록하신 책에서 이름을 쓰고 지우고 하는 것은 전적으로 하나님께 있는 것이지 모세에게 있는 것이 아닙니다.

가을입니다. 하늘을 보십시오. 하늘 너머 우주로 마음의 눈을 뻗어 가십시오. 형형색색 아름다운 황금빛의 단풍은 멀고 먼 우주에서 왔습니다. 하나님의 세계는 우리의 생각으로 표현할 수 없을 정도로 무한

합니다. 하나님의 사랑은 깊고 넓습니다. 우리의 상상을 초월합니다. 우리로 인해 하나님이 축소될 수 없습니다.

열정과 장벽

배낭을 등에 걸머지고 대문을 나섰습니다. 바쁜 시대에 아무도 배웅하는 이 없이 홀로 길바닥에 나서니 묘한 기분이 들었습니다. 보통 선교여행을 떠날 때는 배웅하는 사람들이 빙 둘러서서 함께 기도하고 폼을 잡고 공항으로 출발했는데 이번에는 낯선 감정을 가지고 인천공항으로 향했습니다. 마음 한구석에서는 혼자라도 꼭 가야 하는지 의문이 들었지만 더 깊은 곳에서 잃어버린 영혼을 찾아야 한다는 열정이 나를 일으켜 세웠습니다.

이번 선교여행은 외형적으로는 미전도종족 정탐이었지만 실상은 주님을 찾아 나선 것과 같았습니다. 좀 더 정확히는 주님의 소명을 듣기까지는 결코 돌아올 수 없는 여행이었습니다. 주님이 "네가 선 곳은 거룩한 땅이니 네 발에서 신을 벗으라"(출 3:5)고 하실 때까지 찾고 또 찾을 것입니다.

손에는 소개받은 인도인 목사님의 주소와 전화번호가 적힌 쪽지가 전부였습니다. 인도에 가까이 온 것을 알리려는 듯 비행기 안에서 카레 냄새가 났습니다. 비행기는 싱가포르를 거쳐 남인도 케랄라 주의 수도인 트리반드럼 국제공항에 나를 내려놓았습니다.

설렘으로 공항을 빠져 나오자, "Welcome, Hong!"이라는 푯말이 눈에 들어왔습니다. 푯말로 다가가서 인도 목사님께 나를 소개하고 서로 통성명을 했습니다. 그때 인도 목사님은 영어로 "저는 바보 셈입니다"라고 소개했습니다. 순간 내 귀를 의심했습니다. '뭐 바보라고?' 그래서 그런지 약간 순박하게 생긴 얼굴에 초점이 없는 듯한 눈동자와 옷 입은 행색이 꼭 바보처럼 보였습니다. 바보 목사님과 며칠 동안 남인도를 함께 돌아보면서 친숙해지자 목사님 이름의 한국어 의미를 설명해 주었습니다.

"바보는 한국어로 'foolish man'이라는 뜻입니다."

바보 목사님의 사모님 이름 또한 재미있습니다. 사모님을 소개 받을 때 들렸던 발음은 "몰라"였습니다. 이름만 듣고 부를 때마다 웃음 짓게 할 뿐만 아니라 하나님 앞에서 더욱 겸손해지는 이름이라고 생각했습니다. 바보 목사님과 몰라 사모님은 분명 하나님이 짝지어 주셨습니다. 목사님과 함께 케랄라 주의 시골마을들을 돌아보면서 비록 작지만 마을마다 교회들이 있는 것에 놀랐습니다. 힌두교의 엄청난 장벽 앞에 굴하지 않고 피땀 흘리고 있는 인도 사역자들을 보면서 한없는 부끄러움을 느꼈습니다.

남인도 여행을 마치고 북인도로 향했습니다. 공항에 도착하자 바보 목사님이 소개해 준 푸쉬파라즈 목사님이 기다리고 계셨습니다. 목사님은 북인도 사왈마다뿌 도시에서 3년 동안 사역하고 계셨습니다. 홍천읍 정도 되는 그곳에 교회가 하나도 없었습니다. 사람보다는 소가 더 귀한 대접을 받고 있었습니다. 소의 목에는 꽃목걸이가 걸려 있고 식사시간이 되면 먹을 풀을 준비했다가 줍니다. 소들은 모두 통통하게 살이 쪄 있었습니다. 길이가 1km가 족히 넘는 기차가 소 때문에 경적을 울리다가 멈추어 서는 것을 보았습니다. 인도인들은 카스트제도 때문에 자신들의 열등한 삶을 운명으로 여기고 살아가고 있었습니다.

푸쉬파라즈 목사님과 함께 여행하는 중에 기차에서 그의 삶에 대해 들었습니다.

"저는 거의 매일 화장실에 가서 울면서 하나님께 물었습니다."

"하나님, 왜 저를 이곳에 보내셨습니까?"

목사님의 삶과 사역현장을 보니 이것은 사역이라기보다는 그냥 견디고 계신 것처럼 보였습니다. 원룸 형태의 사택에는 양념통 몇 개와 다 낡아빠진 소파, 여기저기 꺼져 있는 침대와 옷가지 몇 개가 전부였습니다. 목사님 가족까지 십여 명 되는 브니엘교회와 다섯 평 남짓 되는 꼭 창고처럼 생긴 브니엘 고아원까지 있었습니다.

목사님보다도 사모님의 고생은 이루 말할 수 없었습니다. 그것을 사모님의 이름에서 느낄 수 있었습니다. 사모님의 이름은 "쉬자(Sheeja)"입니다. 사모님의 이름이 그녀의 삶을 표현하는 것 같아 마음이 아팠습니다. 한국 교회를 거론하지 않더라도 저의 주변에 있는 열정들을 모은다면 구체적이고 효과적인 선교를 인도 목사님과 연합하여 인도 한구석에서 할 수 있음을 보았습니다.

인도인들은 힌두교 자체가 그들의 삶입니다. 그들은 인도인으로 태어나는 것이 아니라 힌두교인으로 태어난다고 믿고 있습니다. 그들이 숭배하는 신은 4억 8,000개나 됩니다. 눈에 보이는 모든 것이 신이라고 해도 과언이 아닙니다. 이들에게 오직 예수 그리스도만이 참 구원자로 믿게 하는 것이 얼마나 어렵겠습니까? 그런데 인도 사역자들을 통해 복음에 헌신된 삶을 보았습니다. 온갖 어려움을 감내하면서 예수의 복음과 함께 소금처럼 인도 구석구석 스며들어 있었습니다. 예수님이 열두 제자들을 파송하시면서 뱀처럼 지혜로울 것을 말씀하셨습니다(마 10:16). 뱀은 장벽을 부수지 않고 넘어갈 수 있습니다. 지혜로운 구렁이가 담을 넘어가듯이 식지 않는 그들의 열정이 거대한 장벽을 넘어서고 있었습니다.

장벽은 우리의 열정을 시험하는 장소입니다. 장벽 앞에서 우리는 목표한 곳을 향해 가느냐, 가지 않느냐가 아니라 목표에 도달하고자 하는 열정이 있느냐 없느냐를 시험합니다.

열정(enthusiasm)은 "하나님 안에 있음"이라는 헬라어에서 유래된 말입니다. 열정의 근원은 하나님입니다. 우리가 하나님께 사로잡힌다면 우리의 열정은 결코 식지 않을 것입니다. 하나님의 현존을 강하게 느낄수록 열정도 뜨겁게 일어납니다. 하나님 안에 있는 열정이라면 힌두교 장벽, 이슬람 장벽, 물질주의 장벽, 지금 우리가 마주하고 있는 장벽을 충분히 넘을 수 있습니다.

3장

여름,
하나님 가득

감자와 기도

봄에 심어 놓은 감자를 공동체에 방문한 몇몇 분과 함께 캤습니다. 땅 속에서 숨어 있는 감자 한 알 한 알을 캐내는 일은 말할 수 없는 신비스러운 기쁨을 줍니다. 크고 작은 감자들은 꼭 어린이의 웃는 얼굴처럼 보입니다. 잔뜩 호기심 어린 눈동자와 야무진 손놀림으로 감자를 캐고 있는 한 자매님이 당연하다는 듯 말했습니다.

"추수할 때 기쁨이 참 큰 것 같아요."

성경에도 울며 씨를 뿌리는 자는 기쁨으로 단을 거둔다고 말씀하고 있습니다. 씨를 뿌릴 때는 다분히 힘들고 고통스러워도 추수할 때는 기쁨이 넘치는 것으로 표현하고 있습니다.

추수할 때가 기쁠까요? 아니면 씨를 뿌릴 때가 기쁠까요? 이 질문에 대부분의 사람들은 추수할 때가 기쁘다고 대답합니다. 물론 추수할 때의 기쁨이 그지없습니다. 나라마다 추수감사절은 있지만 씨 뿌리는 때를 감사하는 절기는 없습니다.

그러나 나는 추수할 때보다는 파종할 때가 더 기쁩니다. 내가 비정상적인 마음인지 모르겠지만 사실입니다. 파종 때가 기쁜 가장 큰 이유는 씨 안에 감추어진 무한한 생명력과 가능성 때문입니다. 씨를 그대로 두면 그것은 결국 말라서 죽거나 한 알 그대로 남아 있게 되지만 땅에 묻히게 되면 그때부터 생명의 활동은 시작됩니다. 씨의 관점에서 볼 때 이것은 놀라운 생명 탄생의 기회입니다. 이런 기회를 씨들에게 주기 위해 나는 할 수 있는 대로 봄에 파종하는 데 힘을 쏟습니다. 파종하면서 그 씨에게 생명의 기회를 준다는 것으로 인해 내 마음은 한없이 설렙니다. 씨를 뿌리면서 나 자신을 생각합니다. 하나님이 측량할 수 없는 은혜로 나에게도 생명의 기회를 주시려고 이 땅에 보내 주셨습니다. 아직은 기회가 주어지지 않은 생명의 씨앗들이 하나님의 생명싸개 속에 들어 있습니다. 이것은 얼마나 놀라운 은혜요 특권입니까?

아직 확실한 성과는 없지만 자연농법으로 농사를 짓고 있습니다. 자연적으로 파종하는 나에게 제 아내는 이해하지 못하겠다는 듯이 말합니다.

"열매도 많이 거두지 못하면서 씨만 그렇게 많이 뿌려 놓으면 뭐해요?"

"씨를 뿌리는 것보다 관리가 더 중요해요."

맞는 말입니다. 그러나 나는 씨를 뿌리면서 미래를 바라보고, 손 안에 만져지는 씨앗에게 생명의 기회를 준다는 감격 때문에 흥겨운 콧노래를 부르며 파종합니다.

올해 감자를 캐면서 하나님의 일하심에 대해서 다시 생각하게 되었습니다. 봄에 감자를 칼로 약 4등분합니다. 일정한 간격으로 땅을 파고 감자를 묻었습니다. 그리고 약 4개월 반 동안 손 한 번 대지 않았습니다. 감자를 캐려고 하니 풀이 허리만큼 자라 있었고 감자 줄기가 어디 있는지 알 수가 없어서 캐기에 힘들었습니다. 호미로 흙을 파니 노랗고 크고 작은 감자들이 흙 속에서 나왔습니다. 정말입니다. 나는 심은 것 외에는 아무 일도 하지 않았는데, 심지어 풀 한 포기도 뽑아 주지 않았는데, 감자를 캐 보니 하나님이 행하신 놀라운 활동을 봅니다.

어떤 과학자의 말에 의하면 감자는 달의 영향을 받고 살찐다고 합니다. 하나님이 달빛을 비춰 주시고, 햇빛도 주시고, 비와 이슬을 주셔서 감자들이 하나님 손 안에서 잘 자랐습니다. 하나님의 손길은 다양하게 나타났습니다. 땅속에는 두더지가 지나간 흔적들로 가득 차 있습니다. 잘 모르겠지만 두더지들이 땅 속을 다니면서 감자를 먹기도 했지만 감자가 자라는 데 어떤 큰일을 했을 것이라는 생각에 그들이 한없이 귀여웠습니다. 조금 과장해서 표현한다면 감자밭에 있는 지렁이들은 거의 새끼 뱀만큼 컸습니다. 감자는 나의 수고의 결과라고 하기보다는 하나님의 수고와 땀의 소산이기에 감자를 캐고 바구니에 담으면서 기쁨보다는 오히려 송구스러움으로 가득했습니다. 그래서 나는 추수할 때보다는 씨를 뿌릴 때가 더 기쁩니다.

기도한다는 것도 이와 비슷합니다. 우리가 기도를 시작한다는 것은 파종하는 것과 같습니다. 그리고 후에는 우리가 기도에 힘써서 하기보다는 온전히 하나님께 맡기는 것이 중요합니다. 기도할 때 가장 우리를 힘들게 하는 것은 수많은 분심(分心)들입니다. 대부분 우리들은 분심을 물리치려고 하거나 아니면 그냥 포기하고 대충 기도하고 끝냅니다. 분심은 우리로 하여금 기도를 지속하지 못하게 하거나 기도를 통해서 무한하신 사랑의 하나님과 교제하지 못하게 합니다. 이런 분심을 부정적으로만 보지 말고 하나님의 관점으로 보아야 합니다. 이런 분심은 우리의 마음을 기도에 집중시키거나 도와주지 않지만 그렇다고 해서 손해를 우리에게 주지 않습니다. 오히려 그 마음은 감정적인 기도보다 우리에게 큰 힘을 줄 수 있습니다. 왜냐하면 이런 분심의 마음은 우리를 궁극적으로는 겸손하게 하며 우리를 부인하고 어떤 쾌락과 관련됨 없이 순수하게 하나님만을 찾도록 만들기 때문입니다. 우리의 기도는 전적으로 하나님의 손 안에 있다고 믿어야 합니다. 기도의 모든 과정은, 분심이 깃드는 시간조차도, 하나님의 마음이 녹아 있습니다.

그래서 우리가 기도를 시작할 때 기뻐할 수 있습니다. 기도의 결과, 혹은 기도의 응답에 관계없이 기도를 시작하게 하신 하나님께 감사할 수 있습니다. 기도는 하나님의 일입니다. 기도의 열매는 하나님이 맺게 하실 것입니다.

하나님 가득

여름 장맛비가 온 밤을 몸부림치면서 퍼붓고 지나갔습니다. 산과 계곡은 머금었던 물들을 쏟아놓습니다. 흘러내리는 맑은 물을 납작 엎드려 입술 삐죽하게 내밀고 마셨더니 뱃속 깊은 곳까지 시원하고 어느덧 머릿속까지 전달되어 정신을 차릴 수 없을 지경이었습니다. 물은 하나님의 은혜의 덩어리요 생명의 근원과 같습니다. 성경에서도 하나님을 "생수의 근원되는 나"라고 표현하셨고(렘 2:13), 예수님을 "영생하도록 솟아나는 샘물"(요 4:14)이라고 하셨고, 성령도 "생수의 강"(요 7:38)이라고 말씀하셨습니다. 만일 우리가 성경을 읽을 때 삼위일체 하나님에 대한 단어 대신에 다양한 물의 단어를 사용한다면 어떤 현상이 일어날까요? 시냇물이 흐르는 소리도 매우 다양합니다. 돌에 부딪힐 때 나는 소리, 낙차가 생겨서 나는 소리, 돌 속으로 파고들면서 나는 소리, 그 어느 것 하나 동일하지 않습니다.

"자글자글, 굴렁굴렁, 샤~샤~, 쪼글쪼글, 툴툴툴툴, 끼릇끼릇…."

한번은 공동체를 방문한 분들과 함께 별들이 아름답게 반짝이는 밤에 시냇물 옆에 앉아서 시냇물 소리를 통해 말씀하시는 하나님의 음성 듣기를 한 적이 있습니다. 하늘에는 별들로 가득하고 세상의 모든 인위적인 소리로부터 벗어나 오직 자연 속에서 자연의 소리를 통해 하나님의 음성을 듣는 시간이었습니다. 너무 놀라운 것은 시냇물 흐르는 소리를 통해 하나님이 각자에게 말씀하시는 음성을 들었습니다.

"깰 때라."

"급하다."

"염려하지 말라."

"사랑한다."

물의 흐름과 모양으로 인한 표현도 다양합니다. 시냇물, 강물, 바닷물, 빗물, 폭포수, 호수, 샘물, 수증기, 눈, 우박, 서리, 우물 등등이 있는데 이것들로 삼위일체 하나님을 표현한다면 하나님이 우리의 삶속에 매우 현장감있게 다가올 것입니다.

성령도 히브리어로는 '바람'과 같은 단어입니다. 바람의 종류 또한 다양합니다. 다음은 순수한 우리나라 고유의 이름으로 된 바람의 종류입니다. 가맛바람, 가수알바람, 갈마바람, 갈바람, 강쇠바람, 갯바람, 건들바람, 고추바람, 꽁무니바람, 꽃샘바람, 된바람, 마파람, 산들바람, 살바람, 샛바람, 신마바람, 하늬바람….

만약 우리들이 성령을 이러한 바람의 종류로 표현한다면, 우리들은 성령에 대해서 훨씬 더 많은 의미와 내용을 알 수 있을 것입니다. 순간마다 만나는 바람을 통해 성령을 만나고 느낀다고 생각해 보십시오. 그러면 성령에 대한 이해와 성령과 동행함이 훨씬 구체적이고 현실적일 것입니다. 이렇게 많은 바람의 종류를 하나로 표현할 수 없는 것처럼 성령도 마찬가지입니다. 성령이라는 단어 하나로 성령에 대한 모든 것을 이해하는 것은 불가능할 뿐만 아니라 오히려 성령을 제한하는 결과도 낳을 수 있습니다. 우리는 영적인 것들을 제한적이고, 한정적이고, 추상적이며 모호하게 사용합니다. 사탄은 우리로 하여금 하나님이 우리의 삶 속에 구체적이고 현실적으로 역사하고 있음을 인식하지 못하게 합니다. 그래서 궁극적으로 하나님의 존재에 대한 확신마저 갖지 못하게 합니다.

예수 그리스도와 그의 십자가로 말미암아 하나님은 우리 안에 실존합니다. 하나님은 모든 피조물 안에 실존해 계시고 피조물을 통해 그의 현존을 표현하십니다. 성경에서 삼위일체 하나님을 자연과 우리 주변의 환경으로 하나님의 존재를 은유적으로 말씀하고 계신 이유 중에 하나가 바로 이것입니다.

우리의 영적 지경을 넓힙시다. 지금 우리의 눈길이 머무는 곳에 하나님이 현존해 계시고, 우리의 손길이 닿는 곳마다 하나님은 활동하고 계십니다. 하나님은 눈이 닿는 우주 공간에, 손이 닿는 구석구석에 가득하십니다. 할렐루야!

주님의 임재 전에 있는 일

공동체에 폭풍이 몰려올 때쯤 되면 나뭇가지들이 잔잔하게 움직이기 시작합니다. 먼 하늘에서는 먹구름이 어깨에 힘을 주고 눈을 내리깔고 전진해 옵니다. 새들도 뭔지 모를 일에 바쁘게 이리저리 날아다닙니다. 주변은 어수선한 소리들로 가득합니다. 하루 정도 지나면 폭풍은 무서운 기세로 천둥번개와 굵은 비를 뿌리면서 지나갑니다. 폭풍의 행진은 꼭 위엄과 웅장함으로 가득 찬 백만 대군의 사열(査閱)하는 모습과 같습니다. 공동체 주변에 있는 20m 넘는 낙엽송들이 무섭게 요동칩니다. 가지들이 서로 부딪히면서 부러져 나갑니다. 나무끼리 서로 비벼대는 마찰소리는 용사의 칼날의 부딪힘을 방불케 합니다.

엘리야 선지자가 바알과 아세라 선지자들과 갈멜산에서 영적 대결을 벌렸습니다. 1대 850의 대결이었지만 완승을 거두었습니다. 그러나 그는 아합왕의 아내 이세벨의 위협에 기겁하고 호렙산으로 도망갔습니다. 거기서 엘리야는 하나님을 만났습니다.

> "여호와께서 지나가시는데 여호와 앞에 크고 강한 바람이 산을 가르고 바위를 부수나 바람 가운데에 여호와께서 계시지 아니하며 … 지진 후에 … 불이 있으나 … 여호와께서 계시지 아니하더니"(왕상 19:11-12).

엘리야는 하나님을 만나기 전에 바람, 지진, 불을 경험했습니다. 이것들은 하나님을 만나기 전에 있었던 현상들이었습니다. 이것들 후에 하나님을 만났습니다. 폭풍이 몰아치기 전에, 그리고 엘리야가 하나님을 만나기 전에 어떤 징조가 있었듯이 우리도 하나님을 만나기 전에 동일한 경험을 할 수 있습니다.

시편 85편 13절에 보면, 의(義)가 주님의 앞에서 앞서 행하신다고 말씀합니다. "의가 주의 앞에 앞서 가며 주의 길을 닦으리로다." 영어 성경에서는 의가 주님의 걸음을 위한 길을 준비하신다고 말씀합니다(Righteousness goes before him and prepares the way for his steps. NIV). 주님의 의가 주님의 길을 예비합니다.

이것은 꼭 세례 요한과 같습니다. 그는 예수 그리스도가 이 땅에 오시기 전에 주님의 길을 예비했던 광야의 소리였습니다. 높은 것을 낮아지게 했고, 낮은 것들을 높게 했고, "의인의 슬기"로 돌아오게 했습니다. 세례 요한은 사람들의 마음의 죄악을 드러내고 회개시켰습니다. "주님이 오실 때 꼭 세례 요한이 와야 할 필요가 있을까?"라는 물음을 가질 수 있습니다. 그러나 이것은 필연적입니다. 폭풍의 전조가 있듯이 주님의 임함도 마찬가지입니다. 이것은 매우 자연적인 현상입니다.

우리가 주님의 임재를 경험할 때 선행되는 현상들이 있습니다. 이것으로 인해 우리의 심장이 터질 듯한 고통과 영혼이 부서지는 것과 같은 절망을 경험할 수 있습니다. 그것은 의롭게 살고자 하는 자들에게, 주님과 동행하는 삶을 살고자 하는 자들에게도 동일하게 임합니다. 주님 임재의 선행 현상 가운데 하나는 다른 사람으로부터 영적인 혹은 일반적인 충고를 받을 때입니다. 충고를 받을 때 영혼은 찔림을 받고 격동하게 됩니다.

대표적인 사람이 욥입니다. 처음에 욥은 친구들의 충고를 받아들이지 못했습니다. 욥은 스스로 의롭다고 여겼기 때문에 친구들과의 대화 속에서 자신의 옳음을 계속 주장했습니다. 그러나 대화 과정을 통해 욥의 내면이 낱낱이 하나님 앞에 드러났습니다. 그동안 감추어져 있던 그의 근원적 불의가 드러났습니다. 욥은 사람들이 보기에는 의롭고 완전한 자였지만 하나님이 보시기에는 부족함이 있었다는 것입니다. 욥은 이것을 깨닫게 되고 결국 회개했습니다. 이것이 바로 주님의 임재를 경험하기 전에 일어나는 현상입니다. 욥이 친구들과의 쓰라린 대화의 과정이 없었다면 진정 하나님을 눈으로 보지 못했을 것입니다.

"내가 주께 대하여 귀로 듣기만 하였사오나 이제는 눈으로 주를 뵈옵나이다"(욥 42:5).

우리가 주변에서 우리를 잘 아는 지체들로부터 영적인 충고를 듣는다면 감사해야 합니다. 적극적으로 달게 받아들여야 합니다. 우리의 삶 속에서 겪게 되는 쓰라린 마음, 지속되는 영적 고통, 호흡하기도 곤란한 상태, 이런 것들이 얼마나 큰 은혜입니까! 왜냐하면 이런 것들은 우리 영혼을 치유하고 영적 수술을 통해 주님의 임재를 예비하기 때문입니다. 주님의 임재 전에 오는 의(義)의 가장 큰 역할은 우리의 마음을 드러내는 것입니다. 교만한 마음을 낮추시고, 구부러진 마음을 곧게 하시고, 더러운 마음을 정결하게 합니다. 이런 과정은 매우 아프고 쓰라립니다. 그러나 이것은 놀라운 은혜의 표시입니다.

그러므로 주님의 의(義)는 예수 그리스도의 임재를 예비하는 전령(傳令)과도 같습니다. 주님 앞에 겸손하게 은혜를 구하고 주님의 뜻을 기다린다면 분명히 예비된 큰 선물을 주실 것입니다.

> "생각하건대 현재의 고난은 장차 우리에게 나타날 영광과 족히 비교할 수 없도다"(롬 8:18).

십자가 없는 부활의 영광이 없듯이 수술 칼과 같은 주님의 의가 선행되지 않는 주님의 임재는 없습니다.

에카*

기도의 집 앞에 심어 놓은 백일홍이 꽃을 피우기 시작했습니다. 빨강, 노랑, 분홍, 주황빛의 꽃들은 자신의 우아한 모습을 한껏 드러냅니다. 오늘은 좀 더 자세히 백일홍을 보았습니다. 그런데 백일홍들이 우울해 보였습니다. 왜 그럴까라는 의문을 가지고 주변을 둘러보았습니다. 덩치 큰 잣나무와 낙엽송도 슬퍼보였습니다. 하늘도, 땅도, 들풀도, 시냇물도 마찬가지였습니다. 그런데 이런 현상의 원인이 다른 곳에 있지 않고 바로 내 영혼에 있음을 발견하였습니다. 내 영혼이 우울하고 슬퍼하고 있었습니다.

가만히 생각해 보니 몇 가지 이유를 발견하게 되었습니다.

첫째는 미국 시사 주간지인 「타임」에서 마더 테레사(Mother Teresa)의 편지를 모아 책을 출판했다는 기사 때문입니다. 「타임」지에서 그 책을 평하기를 "테레사 수녀는 죽기 전까지 50년 가까운 세월 내내 신의 존재를 느끼지 못했음을 보여 준다"고 했습니다. 세상 사람들로부터는 성녀로 인정받았을지 모르지만 그녀 자신의 영혼은 신(神) 부재 의식에 끊임없이 고통했습니다.

둘째는 우리들에게 아름다운 언어로 아름다운 시를 읽게 했던 이해인 수녀의 글 때문입니다. 이해인 수녀도 테레사 수녀의 마음을 공감하듯이 '정말 하나님이 계실까?'라는 의문을 가질 때가 있다고 고백했습니다.

위의 두 분은 사람들에게 존경을 받아온 분입니다. 이들의 삶이 전적으로 하나님께 헌신된 삶을 살았다고 사람들은 인정합니다. 그런데 이런 분들의 입에서 하나님의 존재에 대한 의심 섞인 말이 나오자 수많은 믿음의 사람들이 동요하게 될 것 같습니다.

초기 공산주의 지도자들은 하늘을 향해 거침없이 외쳤습니다.

"우리는 땅의 왕들을 권좌에서 끌어내렸다."

"이제는 하늘의 권좌에 있는 왕(하나님)을 끌어내릴 것이다."

사람들은 하나님의 존재에 의심 정도가 아니라 마음껏 부인하고 무시하고 심지어는 저주까지 합니다. 세상 사람들은 로마서의 말씀처럼 "저희가 마음에 하나님 두기를 싫어" 합니다(롬 1:28). 하나님을 비웃음으로써 자신이 왕이 되고 자신이 마음대로 하기를 원합니다.

셋째는 아프가니스탄에 선교 활동으로 갔던 샘물교회 형제자매들 때문입니다. 약 40일간 억류된 동안 매스컴을 통해 살려 달라고 애원하는 그들의 모습 속에서 씁쓸함을 가슴에 담아야 했습니다. 더 큰 고난의 자리가 우리 그리스도인들에게 다가왔을 때 우리의 모습은 어떨까를 생각하니 슬픔이 몰려왔습니다. 억류되어 있던 자들이나 그들을 애타게 기다리던 가족들이나, 이것을 바라보는 모든 사람은 '정말 하나님이 계신 거야?'라는 질문을 한번쯤 던졌을 것입니다.

하나님의 존재에 대한 관점은 분명히 인간 편에서가 아니라 하나님 편에서 이루어져야 합니다. 테레사 수녀도 "보려고 해도 보이지 않고, 들으려 해도 들리지 않고"라고 말하면서 하나님의 존재를 확신할 수 없다고 말했습니다. 세상 사람들은 성도들에게 하나님의 존재를 보여 보라고 요구합니다. 이런 질문도 역시 인간 관점에서의 질문입니다. 하나님은 인간에 의해 규정되어지거나 제한 받는 분이 절대 아닙니다. 하나님의 존재는 인간에 의해서 증명되거나 결정되는 것이 아닙니다. 현재 약 80억의 세계 인구가 모두 한 목소리로 "하나님은 없다."라고 외칠지라도 이것에 의해 하나님의 존재가 없어지는 것은 아닙니다. 하나님은 인간으로부터 인정받으시므로 존재하는 것이 아닙니다. 하나님은 어떤 인간도 의존하지 않습니다.

하나님이 모세에게 처음으로 계시하신 이름은 '나는 스스로 있는 자'였습니다(출 3:14). 여기에서 여호와라는 하나님의 이름이 유래합니다. 여호와 하나님은 스스로 현존하는 분이십니다. 스스로 현존한다는 의미는 독립적 존재라는 뜻입니다. 하나님은 시간으로부터, 환경으로부터, 인간으로부터 독립되어 계신 분이십니다. 우리는 우리 자신에 의해서가 아니라 하나님에 의해서 존재합니다. 지금도 하나님이 붙잡아 주시기에 두 발이 땅에서 떨어지지 않고 자유롭게 다닐 수 있는 것입니다.

C. S. 루이스의 말입니다.

"영원한 분을 만날 수 있는 곳은 현재다."

* '에카'는 히브리어로 '아, 어찌하여!'라는 뜻으로 예레미야애가 1장 1절에서는 '슬프다'로 표현하고 있습니다.

배경

우리 모두는 영적 여행을 하는 순례자들입니다. 우리는 어떤 기막힌 도(道)를 찾아다니는 구도자가 아니라 이미 가지고 있는 도를 잘 갈고 연마하는 수도자들입니다.

서방 수도원 제도의 아버지라고 불리는 성(聖) 베네딕트는 수도자에 대해서 "참으로 하나님을 찾는 자들이다"라고 정의했습니다. 조금이라도 세상에 붙잡혀 있다면 하나님을 사랑하지도 못하고 하나님을 찾아 나서지도 못할 것입니다. 수도자들은 하나님을 사랑하지 않는 것이 유일한 불행이라고 여기고 오직 하나님만을 사랑하여 갈망하는 자들입니다.

그러나 하나님을 사랑하고 하나님을 찾기에 갈급한 영적 순례자들에게 꼭 경험하게 되는 것이 있는데, 이것이 영적 무기력입니다. 영적 무기력은 영적으로 게으르거나 무관심에서 오는 것이 아니라 오히려 반대로 영적 수련을 힘쓸 때 나타납니다. 영적 프로그램을 가지고 규칙적이면서 현존하시는 하나님과 연합하려고 힘쓰면 힘쓸수록 이상하게 영적으로 더 무기력해지거나 더 큰 유혹과 시험 가운데 놓입니다. 하나님과 더 가까워진 것 같은 상황에서 오히려 하나님과 더 멀어졌다는 느낌을 가질 때가 있습니다. 기도에 열정과 능력도 없는 듯하고, 말씀을 읽어도 전혀 깨닫지도 못하고 은혜도 되지 않는 경우입니다. 그러면 대부분 사람들은 원인을 자기에게서 발견하려고 애를 씁니다. 자신의 삶을 돌아보면서 지은 죄는 없는지, 은밀한 죄는 없는지, 영적으로 나태한 부분은 없는지 등을 점검합니다. 이런 태도 자체가 나쁜 것은 절대 아니지만 영적 무기력을 바라보는 관점이 잘못된 것입니다.

영적 무기력의 원인을 자기에게서 발견하려고 하지 말고 하나님에게서 발견하려고 해 봅시다. 영적 무기력의 원인을 하나님으로부터 온 것으로 관점을 바꾸게 된다면 이것에 대한 오해와 부정적인 관점을 가지지 않게 됩니다. 오히려 그것으로 인해 하나님의 뜻과 의도를 발견하려고 할 것입니다.

영적 무기력의 상태를 십자가의 성 요한은 '영혼의 밤'이라고 표현했습니다. 영혼의 밤은 영적인 갈급함 속에 있을 때 나타나는 현상입니다. 하나님과의 연합을 갈망하면 할수록 우리는 하나님과의 친밀한 연합 속으로 들어가게 됩니다. 이것은 꼭 밝은 빛으로 더 나가면 나갈수록 어두움은 더 짙어지는 것처럼 하나님의 빛 아래에서 우리의 모습은 완전 무기력 혹은 무가치를 드러냅니다.

하나님 앞에 인간이 어떻게 설 수 있겠습니까? 하나님 앞에서 인간의 능력과 지식이 어떤 의미가 있을까요? 이것은 영적 여정 속에서 나타나는 자연적인 현상입니다. 이런 영혼의 밤에서 인간이 가질 수 있는 태도는 자신의 연약함과 무기력을 인정하고 더욱 하나님의 긍휼과 은혜만을 구하는 것입니다. 더 깊은 친밀한 연합을 위해 하나님이 우리를 준비시키시는 단계이기도 합니다. "오직 우리가 어디까지 이르렀든지 그대로 행할 것이라"(빌 3:16)고 사도 바울이 말했듯이 우리의 영적 여정이 어디에 있든지 하던 대로 그대로 하면서 영혼의 어두운 밤을 주신 하나님께 감사하고 자신을 쳐서 복종하게 하는 시간으로 헌신하면 됩니다.

8월의 어느 저녁 시간이었습니다. 저녁 예배 모임을 위해 '기도의 집'으로 가고 있었습니다. 캄캄한 밤이었기 때문에 하늘에 빛나는 별들로 인해 '기도의 집'으로 가는 계단을 오를 수 있었습니다. 돌계단을 조심스럽게 손으로 더듬으면서 올라갔을 때 눈앞에 반짝이는 불빛이 보였습니다. 순간 놀라면서 그 자리에 멈추어 서서 그 불빛을 한참 바라보았습니다. 그 불빛은 가만히 있는 것이 아니라 이리저리 움직이고 있었습니다. 그제서야 이것이 개똥벌레인 '반딧불이'라는 사실을 알게 되었습니다. 너무 오랜만에 보는 광경이었습니다. 아주 어렸을 때는 시골에서 흔히 볼 수 있었던 것인데 이제는 환경오염으로 인해 거의 사라져서 반딧불이의 서식지를 천연기념물로 지정했다고 합니다. 개똥벌레의 불빛이 너무 반갑고 신기해서 한참을 구경했습니다. 기도의 집 주변에 여러 마리가 날아다니고 있는 것을 보았습니다. 그들의 몸놀림으로 인해 빛이 꼭 반짝반짝 하는 것처럼 보였다. 반딧불이가 날아다니는 모습이 꼭 천사들이 빛의 옷을 입고 날아다니는 것과 같았습니다.

양손으로 가까스로 잡아서 아이들이 있는 방으로 갔습니다. 아이들이 있는 방에 불을 끄고 반딧불이를 놓아주었습니다. 그러자 반딧불이는 엉덩이에서 빛을 내면서 온 방을 돌아다녔습니다. 아이들의 입에서 놀라움의 탄성이 터져 나왔습니다. 캄캄한 방 안에 스스로 빛을 내면서 날고 있는 곤충이 몹시 신비했습니다. 다시 반딧불이를 잡아서 손바닥 위에 놓고 관찰해 보았습니다. 투명한 머리와 검은 날개와 더듬이가 있었습니다. 뒤꽁무니에 있는 불빛은 단순한 불빛인줄 알았는데 약간 청록색의 불빛이었습니다. 밖에 놓아주자 반딧불이는 자신의 빛을 자랑하기라도 하듯이 반짝반짝 빛을 내며 밤하늘에 원을 그리며 날아다녔습니다.

밤에 아름다운 광경이 또 있습니다. 바로 밤하늘의 별들입니다. 지난 8월에는 중국 광화국제학교에 가게 될 교사선교사 훈련이 있었습니다. 저녁에 모임을 마치고 나오면서 "하늘을 보세요"라고 말하자 훈련생들은 하늘을 보면서 별이 떠 있는 모습에 감탄했습니다.

"별똥이 떨어지는 것을 봤어요."

크고 작은 별들, 일정한 모습으로 늘 규칙적으로 떠 있는 별들은 볼수록 아름답습니다. 별들은 모두 자기 자리를 가지고 있습니다. 그래서 별자리라고 합니다. 이것은 하나님이 천지를 창조한 날부터 계속되어졌습니다.

그런데 밤하늘의 별들은 밝은 대낮에는 결코 보이지 않습니다. 왜냐하면 그들의 빛이 태양에 의해 가려지기 때문입니다. 그들은 낮에도 존재하지만 자신들의 존재를 드러낼 수 없습니다. 점점 어두워질수록 밤하늘의 별들은 더 찬란하고 아름다운 빛을 발합니다. 밤하늘이 없다면 우리는 영원히 별을 보지 못할 것입니다. 얼마 전에 공동체 도서관에서 『연어』라는 동화책을 보다가 감동을 받은 부분이 있어서 소개하고 싶습니다.

은빛 연어는 강이 엉뚱한 구석이 좀 있다고 생각한다.

"이유 없는 삶이 있을까요?"

"네 말대로 이유 없는 삶이란 없지. 이 세상 어디에도."

"그럼 아저씨(강물)의 삶의 이유는 뭔가요?"

"그건 내가, 지금, 여기 존재한다는 그 자체야."

"존재한다는 것이 삶의 이유라고요?"

"그래, 존재한다는 것, 그것은 나 아닌 것들의 배경이 된다는 뜻이지."

"배경이 뭐죠?"

"내가 지금 여기서 너를 감싸고 있는 것, 나로 여기 있음으로 해서 너의 배경이 되는 거야."

"아하."

대부분 우리들은 밤하늘에 별이 되고 싶어하지, 배경이 되고 싶어하지는 않습니다. 나부터도 주인공이 되고 싶지, 조연이 되고 싶지는 않습니다. 다른 사람으로부터 칭찬을 듣고 싶고 주목받고 싶어 합니다. 그러나 밤하늘이 없이 별이 있을 수 없는 것과 같이 배경이 없는 완전은 있을 수 없습니다. 배경에 대한 인식을 갖지 못할 때 진리에 대한 우리의 인식은 불완전하고 우리가 얼마나 존귀한 존재인가 하는 것을 알지 못합니다.

우리의 존재의 참된 가치를 알기 위해서는 우리의 배경을 알아야 합니다. 우리의 배경은 예수 그리스도입니다. 예수 그리스도는 우리의 배경이 되시기 위해서 이 땅에 오셨습니다. 주님은 우리를 하나님의 자녀로 삼으시기 위해 죄와 죽음을 담당하셨습니다. 예수 그리스도라는 배경 속에서만 우리의 참된 존재의 가치를 알 수 있습니다. 우리는 고난을 싫어하기 때문에 할 수만 있으면 피하려고 합니다. 고난 가운데 있는 것은 하나님의 뜻이 아니라고 생각합니다. 빛을 창조하신 하나님은 어두움도 창조하셨습니다. 평안을 우리에게 주시기도 하지만 환난을 통해 그의 사랑의 손길을 보이십니다. 욥은 의로운 자였지만 고난을 통해 그의 의가 하나님 앞에서 더욱 순결한 의로 단련될 수 있었습니다. 어두움과 환난은 우리의 영적 여정에 있어서 매우 중요한 배경이 됩니다. 당신이 누군가의 배경이 되려고 결심한다면 당신은 분명히 예수 그리스도의 겸손의 마음을 가진 자입니다.

부딪힘

정말 대단한 장맛비였습니다. 공동체 건물 부근에서 두 개의 산사태가 났는데, 하나는 작은 것이었고 다른 하나는 큰 것이었습니다. 30-40년 된 잣나무들이 산 위에서부터 밀려 내려와서 밭을 덮치고 나무들은 뒤엉켜서 불어난 시냇물에 떠내려 왔습니다. 비가 그친 후 공동체의 환경은 전혀 새로운 모습으로 변해 버렸습니다. 감사하게도 하나님이 공동체 건물은 지켜 주셨습니다. 언제 그랬느냐는 듯이 밝은 아침 햇살이 온 자연을 비추었습니다. 어제까지만 해도 흙탕물이 되어 흐르던 시냇물은 맑은 물로 바뀌었습니다.

공동체 바로 옆에 있는 시냇물은 4년 전에 올해와 거의 비슷한 홍수로 군청에서 다리 공사를 해 주었습니다. 당시에 다리를 건설하느라고 땅을 깊이 파고 땅속에 묻혀 있던 바위를 포클레인으로 깨뜨렸습니다. 그래서 돌들이 날카롭게 돋아나 있었습니다. 그런데 이번 홍수에 의해 위에서부터 떠내려 온 크고 작은 돌들에 의해 서로 부딪히면서 뾰족한 부분이 모두 부드럽고 둥글게 되었습니다. 전에는 돌들이 뾰족해서 발바닥이 다칠까봐 시냇물에 가기가 매우 조심스러웠는데 이제는 맨발로 다녀도 괜찮을 정도입니다. 바위가 훨씬 친근감 있게 보였습니다.

밭에서 일할 때면 수많은 돌들을 만나게 됩니다. 강원도 밭에는 정말 돌이 많습니다. 돌이 새끼를 낳는다고까지 이야기합니다. 밭에 있는 돌들은 한 가지 공통점이 있는데 그것은 모두 날카롭습니다. 왜냐하면 아무리 오랜 세월이 흘러도 돌들은 흙 속에 그대로 파 묻혀 있기 때문입니다. 그래서 돌을 골라내는 작업을 하다가 손을 다치는 경우가 종종 있습니다. 시냇물에 있는 돌들은 다릅니다. 한결같이 둥글고 부드럽게 생겼습니다. 오랜 세월을 통해 서로 부딪히면서 모난 부분이 깎여 나가서 부드럽게 된 것입니다.

이것은 우리의 삶과 비슷한 것 같습니다. 공동체를 방문하는 사람들과 대화를 나누어 보면 똑같은 사람은 한 사람도 없음을 실감합니다. 공동체에서 함께 오랜 기간 함께 사는 사람들은 처음에는 사이좋게 잘 지내다가 시간이 흐르면 흐를수록 자신들이 가지고 있는 울퉁불퉁한 부분 때문에 서로 부딪힙니다. 결혼한 부부들이 처음에 싸움을 많이 하는데 바로 이러한 이유입니다. 교회 안에서도 마찬가지입니다. 그러나 이것이 꼭 부정적이지는 않습니다. 왜냐하면 이런 부딪힘을 통해서 우리들의 모난 부분들이 부드럽게 변해가기 때문입니다. 서로 부딪히는 것은 고통이요 견디기 어려운 과정입니다. 그러나 이것이 없이는 인격적으로나 영적으로 성숙할 수 없습니다.

어느 날 아침 새벽기도회를 마치고 닭장에 올라갔습니다. 갈릴리선교공동체에는 약 60마리의 닭이 있습니다. 이 닭들은 선교공동체에 있어서 중요한 재정 후원자들입니다. 나를 보자 닭들은 모이를 주는 줄 알고 모두 몰려들었습니다. 어떤 닭은 내 발을 쪼기도 하고 어떤 닭은 심지어 내 어깨에 날아올라서 앉기도 했습니다. 쫓아도 도망가지 않고 내 가는 길을 막기도 하고 내 발에 밟히기도 했습니다.

순간 화가 났습니다. 그래서 소리를 지르고 발로 차기도 하고 손으로 때리기도 했습니다. 아무도 보는 사람은 없었습니다. 말 못하는 닭들에게 나의 온갖 격한 감정을 다 드러내고 말았습니다. 조금 전에 새벽기도를 마쳤는데 그때 받았던 주님의 은혜는 온데간데없이 다 사라졌습니다.

새벽기도 시간에 침묵기도와 말씀 묵상을 통해 현존하시는 하나님의 임재를 누리고 내 안에 역사하고 계신 성령께 복종하는 기도를 드렸습니다. 그러나 닭 앞에서 나의 악한 감정과 죄의 본성을 쏟아 놓고 말았습니다. 그 후에 나의 이런 모습으로 인해 고개를 숙이고 닭장을 힘없이 내려왔습니다.

나는 여전히 부딪힘 속에 있습니다. 그러나 이것으로 인해 하나님께 감사드립니다. 왜냐하면 자신과의 부딪힘, 다른 사람과의 부딪힘, 환경과 자연과의 부딪힘, 하나님과의 부딪힘 등을 통해 부끄러운 나의 모습이 예수 그리스도의 형상을 점점 닮아가고 있기 때문입니다. 오늘도 토기장이가 되시어 진흙인 나를 빚어 아름다운 작품을 만들고 계신 하나님을 찬양합니다.

덫

"삐악 삐악…."

어디선가 다급한 병아리의 울음소리가 들려왔습니다. 소리가 들리는 곳으로 가 보았더니 쥐를 잡기 위해 놓아둔 덫에 병아리가 걸려 있었습니다. 한쪽 다리가 덫에 걸리자 빠져나오려고 애쓰다가 다리의 살이 뜯기면서 피를 흥건히 흘렸습니다. 풀어 주려고 다가가자 병아리는 도망가려고 더욱 발버둥쳤습니다.

덫에서 풀어 준 후에 약을 바르고 반창고를 붙여 주었습니다. 병아리가 한 발로 절뚝거리며 어미 닭에게 가는 모습이 애처로웠습니다. 닭 모이를 주면 절름발이 병아리는 한 발을 절면서 먹으려고 오지만 다른 큰 닭들이 이 병아리를 쪼아대며 쫓아냈습니다. 그러면 이 병아리는 넘어지고 구르고 다시 와서 먹으려고 했습니다. 이제는 어느 정도 컸기에 어미 닭도 돌보아 주지 않습니다. 이 병아리가 평생 불구로 살아가야 한다는 것이 너무 마음이 아팠습니다. 며칠이 지났는데도 절름발이 병아리가 보이질 않았습니다. 집 주변을 돌아다니면서 아무리 찾아보아도 헛수고였습니다. 그러다가 닭장 안에서 발견했습니다. 병아리는 이미 들쥐에게 잡아 먹혔습니다. 들쥐의 굴 입구에 그 병아리의 깃털 두세 개가 떨어져 있었습니다. 결국 병아리는 들쥐의 밥이 되고 말았습니다.

공동체 주변 산에는 마을 사람들이 놓아둔 덫들이 있습니다. 산토끼와 꿩 같은 작은 동물을 잡기 위해서는 가는 철사와 같은 줄로 올가미를 만들어서 그들이 잘 다니는 길목에 걸어 둡니다. 노루, 고라니, 멧돼지와 같은 큰 짐승을 잡기 위해서는 톱니 모양의 쇠로 만들어진 큰 덫을 놓아둡니다. 이 덫은 보기만 해도 정말 끔찍하게 생겼습니다. 꼭 상어가 이빨을 드러내고 입을 벌리고 있는 것 같습니다. 모르고 사람이라도 거기에 걸리면 웬만큼 힘이 세지 않으면 손으로도 풀 수 없을 정도로 단단합니다.

몇 년 전 공동체에서 기르던 '비글'이라는 개가 주변 산을 돌아다니다가 덫에 걸려 며칠 만에 돌아왔는데 한쪽 발목이 잘라져 있었습니다. 덫은 한 번 걸리면 빠져나올 수 없도록 되어 있습니다. 빠져나오려고 힘쓸수록 덫은 더욱 세게 조여 듭니다. 그래서 신체의 일부를 버리지 않으면 덫에서 빠져나올 수 없습니다. 덫에 걸리면 치명적입니다. 절대 덫에 걸려들지 말아야 합니다.

덫에는 몇 가지 특징이 있습니다. 그중에 하나는 동물들이 좋아하는 미끼를 사용합니다. 그 미끼가 너무 좋아서 다른 것은 보이지 않고 그것만 보이기 때문에 걸려드는 것입니다. 쥐를 잡기 위해 덫을 놓을 때에도 쥐가 좋아하는 음식을 덫에 걸어 둡니다. 그러면 쥐는 그것을 먹기 위해 왔다가 먹는 순간 목 혹은 다리가 걸리게 됩니다. 쥐들은 덫에 걸려서 동료가 죽었음에도 불구하고 다음에 또 걸려듭니다. 너무 좋게 보이는 것들은 항상 조심해야 합니다. 땀 흘려 수고한 것이 아닌 것은 덫의 미끼일 가능성이 많습니다. 덫은 또 한눈에 잘 보이지 않도록 은폐되어 있습니다. 잘 설치된 덫은 주위 환경과 매우 잘 어울립니다. 조심하지 않으면 덫을 발견하기가 어렵습니다.

세상에서 가장 무서운 덫이 있다면 영혼의 덫일 것입니다. 우리가 살아가고 있는 이 세상은 천지창조 전의 상황과 매우 유사합니다. 하나님이 천지를 창조하기 전에는 땅이 혼돈하고 공허하며 흑암이 깊음 위에 있었습니다(창 1:2). 파멸의 덫은 우리가 모르는 사이에 엄습해 옵니다. 이것은 우리 영혼을 혼미하고 무감각하게 만들어서 이 세대를 분별할 수 없도록 합니다. 진리와 비진리가 혼합되어 있고, 사람의 뜻이 하나님의 뜻으로 둔갑하고, 세상 모든 종교가 같은 뿌리를 두고 있는 것처럼 여기는 세상입니다. 하나님을 향한 우리의 마음을 뒤섞어 놓아 진리 앞에 올곧게 서지 못하도록 합니다. 이 배후에는 사탄이 있습니다. 그는 오늘도 하늘에서 수많은 덫을 뿌리고 있습니다.

11월 첫째 주일에 마을 어른들을 초청하여 함께 추수감사예배를 드렸습니다. 그중에 아주 독실한 불교신자 부부도 왔습니다. 그분과 나

중에 함께 이야기를 나누었습니다.

"목사님, 저는 예배에 참석하는 것을 좋아합니다. 불교나 기독교나 모두 다 같은 것이 아니겠습니까?"

만약 그 자리에서 다 같은 것이 아니라고 주장하면 그는 다음부터는 나와 대화를 나누려고 하지 않을 것입니다.

하나님은 우리의 근원이시고 우리의 유일하신 창조주이심에도 불구하고 사람들은 그것을 인정하지 않습니다. 이 덫에 이미 수많은 영혼들이 걸려 들었습니다. 방송에서, 신문지상에서, 수많은 지식인이, 심지어는 다수의 기독교 지도자들까지도 종교는 하나라는 목소리를 냅니다. 이것은 영혼의 간음행위와 같습니다. 이 영혼의 덫은 사람들로 하여금 죄에 대해서 무지하게 만들고 유일하신 하나님을 믿지 못하도록 합니다.

"들으라 우리 하나님 여호와는 오직 유일한 여호와이시니"(신 6:4).

다람쥐와 뱀

다람쥐 한 마리가 아침 햇살을 맞으며 바위 위에서 기지개를 켜고 사방을 두리번거리고 있습니다. 한동안 다람쥐들이 보이지 않았습니다. 그동안 뭐하고 있었는지 정확히 알 수 없지만 아마 새끼를 낳아 양육하느라고 주로 굴속에 있었을 것입니다. 나무에도 올라가고 바위틈으로 들어갔다 나왔다 분주합니다. 다람쥐의 눈은 매우 친근하게 생겼습니다. 등을 버섯처럼 웅크리고 있다가 뛰어갈 때는 꼬리를 고사리처럼 위로 치켜세웁니다.

다람쥐와 친해지고 싶지만 다음과 같은 일 때문에 점점 정이 떨어집니다. 에덴동산에 선악을 알게 하는 나무와 생명나무가 있었던 것처럼 '기도의 집' 앞에도 사과나무 두 그루가 있습니다. 사과가 제법 탐스럽게 많이 열렸습니다. 다람쥐들이 이 사과를 건들기 시작했습니다. 뱀이 하와에게 선악과를 먹게 했던 것처럼 두 나무 중에 기도의 집 바로 앞에 있는 사과를 갉아먹었습니다. 처음에는 사과에 이빨자국만 내놓습니다. 아마도 맛을 보기 위한 행동 같습니다. 그 후 제법 익은 것부터 하나씩 갉아먹기 시작했습니다. 이제는 몇 개 안 남았습니다. 새벽에 일어나 옷깃을 여미고 경건한 마음으로 기도하러 가다가 새롭게 갉아 먹힌 사과를 보면 마음이 쓰라립니다.

문득 작년이 생각났습니다. 작년에도 똑같은 현상이 일어났는데 올해보다 더 심했습니다. 결국 사과를 하나도 먹어 보지 못했습니다. 하나님이 지으신 자연과 그 조화를 믿기에 다람쥐가 사과를 다 먹지 않고 남겨둘 것을 기대했습니다. 하지만 공동체 주변에 있는 다람쥐들은 해도 해도 너무합니다. 발에 동그란 바퀴를 장치해 놓은 것처럼 신속하게 내 앞을 지나다니는 다람쥐들이 결코 귀엽지만은 않습니다. 이러다가 올해에도 사과가 완전히 익기 전에 모두 사라지지나 않을까 생각하니 코에서 연기가 났습니다. 이런 나의 마음은 아랑곳하지 않고 다람쥐들은 모든 사과를 다 먹을 때까지 사과나무를 오르락내리락 할 것입니다. 모든 사과가 없어져야 다람쥐가 사과나무에 오는 것을 중단할 것입니다.

창세기 3장 1절에서 뱀이 하와에게 처음으로 말을 건네는 장면이 나옵니다.

"뱀이 여자에게 물어 가로되 하나님이 참으로 너희더러 동산 모든 나무의 실과를 먹지 말라 하시더냐."

뱀의 말을 통해서 이 둘의 만남이 처음이 아니라는 것을 금방 알 수 있습니다. 어떤 만남이든지 처음에는 통성명을 해야 하는데 이것이 생략되어 있습니다.

뱀과 여자는 세 가지 사실을 이미 알고 있다는 것을 전제로 대화를 합니다. 첫째는 "하나님이"라는 말 속에서 하나님에 대한 지식을 이미 갖고 있었고, 둘째는 "너희더러"에서 '너희'라는 복수명사를 사용함으로 아담에 대해서도 알고 있었고, 셋째는 "먹지 말라 하시더냐"라는 말에서 하나님이 하와에게 하신 말씀을 뱀이 이미 알고 있었습니다. 이런 지식은 뱀과 하와의 친밀한 교제를 통해 이루어졌습니다. 그러므로 뱀이 하와를 단 한 번의 유혹으로 넘어뜨렸다기보다는 지속적인 유혹의 과정을 통해 그녀로 하여금 죄에 빠지게 만들었습니다. 이것은 권투선수가 경기에서 마지막으로 KO되는 순간이 오기까지 수많은 펀치를 맞는 것과 같습니다.

마귀인 뱀은 하와가 넘어질 때까지 계속 유혹했습니다. 이것은 마귀의 가장 근본적인 속성입니다. 3장 13절에서 '꾀므로'라는 단어를 통해 마귀의 속성을 더욱 잘 알 수 있습니다. 이 부분을 거의 모든 영어 성경에서는 과거로 해석하고 있지만 완료로 해석하는 것이 옳습니다. 영어 성경 YLT은 현재완료로 번역하고 있습니다("The serpent hath caused to forget and I do eat.": Young's Literal Translation). 한글 성경 중에『현대어성경』의 번역도 이를 반영합니다.

"뱀이 그 나무 열매를 한 번 따 먹어 보라고 자꾸 꾀었어요."

여기서 우리는 하와의 명백한 잘못을 알 수 있습니다. 하와가 뱀의 단 한 번의 유혹에 넘어갔다면 동정의 여지가 있겠지만 그녀는 오랜 시간 뱀의 유혹 속에 있었습니다. 뱀의 유혹의 과정 속에서 하와가 왜 그런 내용을 하나님께 갖고 가지 않았는지 오히려 이상합니다. 하와는 하나님과의 친밀한 교제 가운데 있었기 때문에 얼마든지 뱀과의 교제 속에서 나타난 의문들을 하나님께 가지고 갔어야 했습니다. 하와가 그렇게 하지 않은 이유는 마귀의 말에 상당히 많은 부분에 대해 호기심을 가지고 있었고 이것을 하나님께 철저히 숨기려고 했기 때문입니다. 하와는 뱀에게 미혹되어 자신을 스스로 속이고, 아담에게도 말하지 않았고, 하나님께도 말하지 않았습니다.

우리가 죄에 굴복하는 가장 큰 이유는 죄의 힘이 강하기 때문이 아니라 죄의 유혹의 과정을 하나님 앞에 드러내지 않기 때문입니다. 마귀는 죄로 우리를 이기지만 하나님을 이기지는 못합니다. 다람쥐가 사과나무 옆에 있는 자작나무에 올라가는 것을 본 적이 없습니다. 다람쥐가 자작나무에 올라갈 이유가 없습니다. 다람쥐가 원하는 것은 달콤새콤한 사과입니다. 내 안에 마귀가 드나들게 하는 사과는 어떤 것입니까? 있다면 하나님께 드립시다.

나

태양 볕이 몹시 그립던 어느 날, 하늘은 온통 먹구름으로 가득 차 있었습니다. 하늘은 금방이라도 터질 듯한 물풍선의 모습이었습니다. 그때 흐르던 먹구름 사이로 한 줄기 가는 빛이 내리 쬐었습니다. 그 빛을 보고 찬란한 태양을 상상했고 잠시 후 밝은 빛을 보게 될 것이라는 소망을 가졌습니다. 그런데 정말 순식간에 온 세상은 밝은 빛으로 가득 채워지더니 환한 태양이 큰 미소와 함께 나타났습니다. 이와 같이 인간을 바라보고 싶습니다.

신앙적으로나 신학적으로 인간에 대한 이해는 대체로 부정적입니다. 짧은 인생을 살아가면서 경험하는 것은 나 자신과 인간에 대한 실망입니다. 사람들은 탐욕스럽고 혈기가 가득하고 금방이라도 싸울 태세를 갖추고 있는 모습처럼 보입니다. 교회 안에서조차 벌어지고 있는 시기와 질투는 인간 존재를 추하게 만듭니다.

"목사가 뭐 그래."

"집사라는 양반이 그 모양이야."

이와 같은 이야기들을 수없이 많이 들어왔습니다. 저도 그런 사람 중에 하나와 다를 바 없는데 다른 인간에 대해 쓰는 것 같아 하나님 앞에 죄스러울 뿐입니다.

좀 막연한 것 같지만 인간의 정이 느껴지고 순수한 인간의 모습을 보고 싶습니다. 고상한 척, 인격적인 척, 영적인 척하면서 본래 자신의 모습을 점점 잃어버리고 있습니다. 참 인간이 된다는 것은 본래 자기를 발견하는 것이라고 생각합니다. 예수님도 참 하나님이시면서 참 인간이 되셨습니다. 우리도 참 인간이 되려고 해야 합니다. 참 인간이 되는 것은 나의 본래의 모습을 갖는 것입니다.

현대 사회는 성공주의의 소용돌이 속에 모두 어떤 모델을 요구합니다. 성공한 교회, 성공한 사람, 성공한 기업 등입니다. 잘생겼다고 여겨지는 연예인까지도 성형수술을 합니다. 사람들은 유행에 따라 획일화된 방향으로 정신없이 달려가고 있습니다. 이런 것들은 점점 자신의 고유한 것들을 잃어버리고 다른 것들로 자신을 변형시킵니다. 그래서 자기의 것은 없어지고 겉으로는 부요하지만 끝없는 가난함과 열등감에 빠지게 됩니다. 이런 인간의 모습은 진화가 아니라 퇴화라고 보아야 할 것입니다.

우리는 우리 존재의 출발점으로 돌아가야 합니다. 인간은 전적으로 타락한 죄인이라는 관점에서가 아니라 '하나님의 피조물'이라는 것에서 시작해야 합니다. 인간은 미운 물건이 아니라 하나님에 의해 만들어진 귀한 존재입니다. 하나님은 아담과 하와를 그의 형상을 따라 그의 모양대로 창조하셨을 뿐만 아니라 우리를 모태에서 동일하게 창조하셨습니다(창 1:26). 다윗은 자기를 창조하신 하나님을 다음과 같이 찬양합니다.

"주께서 내 장을 지으시며 나의 모태에서 나를 만드셨나이다 내가 주께 감사하옴은 나를 지으심이 기묘하심이라"(시 139:13-14상, For you created my inmost being; you knit me together in my mother's womb. NIV).

영어 성경 표현에 의하면, 하나님은 뜨개질로 한 올 한 올 떠서 정성들여 옷을 만들듯이 인간을 창조하셨습니다. 어떤 인간도 하나님보다 더 훌륭한 작품을 만들 수 없습니다. 그런데 우리는 하나님이 지은 우리의 모습을 잘 보존하기보다는 오히려 고치고 어떤 인위적인 변화를 주려고 합니다. 우리 옛말에 '아름'이라는 말은 '나, 개인'을 의미합니다. 따라서 '아름답다'라는 말은 '나답다'입니다. 하나님의 모양과 형상을 지니고 있는 나는 참으로 아름다운 존재입니다.

두 사람의 말을 인용하고 싶습니다.

첫째는 키에르케고르(Søren Aabye Kierkegaard)의 말입니다.

"위대함에 이른다는 것은 이 사람 저 사람이 되는 것을 의미하는 것이 아니라 저 자신이 되는 것을 가리키는 것이다."

둘째는 마르틴 부버(Martin Buber)의 말입니다.

"오는 세상에서는 주님께서 '어째서 너는 모세가 되지 못했느냐'고 묻지 않고 어째서 너 자신이 되지 못했느냐'고 물을 것이다."

성 어거스틴도 자신을 아는 것과 하나님을 아는 것의 관계를 말했습니다.

"나를 알게 하소서, 그러면 당신을 알리이다."

우리는 '하나님이 누구인가'라는 질문을 많이 합니다. 그러나 '나는 누구인가'라는 질문을 할 때 훨씬 더 우리의 마음과 옷깃을 여미게 됩니다. 신학에 의해서 정의되어진 인간이 아닌 모태에서부터 하나님의 손에 의해 창조되어진 '나'를 찾아나서야 합니다. 잃어버린 나, 방치된 나, 소외된 나, 왜곡된 나, 그러나 밭에 감추어진 보석 같은 본래의 나를 찾아 나서야 합니다. 이런 '나'는 먹구름 속에 있는 한 줄기 빛과 같은 존재입니다.

유혹

정욕에 사로잡혀 있던 한 형제가 사막에서 수도하는 은둔자를 찾아 갔습니다. 자기 자신을 자책하면서 수도사에게 말했습니다.

"사랑을 베푸셔서 저에게 격려하는 말을 해 주십시오. 저는 정욕에 사로잡혀 더럽고 몹쓸 생각에서 벗어날 수가 없습니다."

그때 수도사는 그 형제에게 말했습니다.

"형제여, 내 말을 믿으시오. 만일 하나님께서 지금 나를 공격하는 이 온갖 상상들을 그대에게 옮기신다면, 그대는 한 순간도 견디지 못하고 완전히 무너져 버릴 것이오."

그 형제는 수도사의 말과 깊은 겸손을 통해 수도자는 정욕의 유혹과 부단히 싸우며 인내로 기도해야 한다는 것을 깨달았습니다.

우리들은 온갖 유혹에 노출되어 있습니다. 눈만 뜨면, 의식적이든 무의식적이든 유혹의 환경 속에 살아갑니다. 유혹을 받았을 때, 우리들 대부분은 싸워서 이기려고 합니다. 그런데 유혹과 싸워서 이긴다는 것이 생각처럼 쉽지 않습니다. 싸우다가 몇 번 실패를 경험하고 나면 아예 포기합니다. 그리고는 더욱 더 깊은 영적인 절망 속에 사로잡히게 됩니다. 우리는 유혹이 마귀로부터 온 것으로 여깁니다. 그러기 때문에 유혹의 더 근원적인 의미를 이해하려고 하지 않고 무조건 싸워서 이겨야 하는 것으로 생각합니다.

유혹이 마귀로부터 왔다고 단정하기 이전에 이것이 하나님의 섭리 속에 있다는 것을 먼저 알아야 합니다. 하나님은 우리에게 유혹을 허락하는 분이십니다. 존경받기에 합당한 하나님의 사람들의 공통점은 유혹을 받지 않은 사람들이 아니라 유혹을 이겨낸 사람들입니다. 그들은 유혹을 통해서 믿음의 사람들로 우뚝 설 수 있었습니다. 마르틴 루터(Martin Luther)도 "기도, 말씀 묵상, 유혹이 목사를 만든다"라고 말했습니다. 우리가 정말 이해할 수 없지만 하나님은 아담과 하와에게 선악과를 먹도록 허락하셨고, 아브라함이 유혹받는 것을 허락하셨고, 다윗도 유혹에 넘어지도록 허락하셨습니다. 심지어 하나님은 예수님이 마귀에게 시험받는 것도 허락하셨습니다. 히브리서에서 예수님이 친히 유혹을 받으신 이유는 유혹받은 우리들을 도와주시기 위해서라고 말씀하십니다(히 2:18, He Himself was tempted... NASV).

영어 성경에서 시험은 'test'이고 유혹은 'temptation'이라고 해석하는 사람들이 있는데, 헬라어로는 동일합니다. 시험이 유혹보다 더 나은 것처럼 말하려는 것은 설득력이 없습니다. 외형적으로 유혹은 죄로부터 혹은 마귀로부터 왔다고 볼 수 있지만 더욱 더 근원적으로는 하나님의 섭리라는 관점에서 보아야 합니다. 하나님의 섭리에는 하나님의 마음이 있고, 하나님의 의도가 있습니다. 그러므로 우리가 유혹을 받았을 때, 이 유혹이 나 자신 때문에 혹은 마귀 때문이라고 여기기 전에 하나님께 먼저 가지고 나가야 합니다.

"하나님, 저는 다음과 같은 유혹에 빠져 있습니다. 하나님이 이것을 허락하신 이유가 무엇입니까?"

당장 하나님이 어떤 응답을 주시지 않는다 하더라도 절망하지 말고 기다리십시오. 왜냐하면 하나님의 뜻은 하나님의 때에 나타나기 때문입니다. 분명히 하나님과 유혹을 절대 분리해서 생각하지 마십시오.

그러므로 우리가 유혹에 빠졌을 때, 지나치게 싸워서 이기려고 하기보다는 오히려 유혹받고 있는 자신을 인정하고 하나님 앞에 서려고 해야 합니다. 궁극적으로 유혹은 우리가 싸워서 이길 수 있는 것이 아니라 우리 안에 계신 주님이 싸워 주셔야 이길 수 있습니다. 우리가 세상을 살아가는 동안 유혹은 결코 멈추지 않을 것입니다. 동서고금을 막론하고 유혹에서 완전히 자유로운 사람은 없습니다.

어떤 수도사의 제자가 육체의 유혹과 싸우면서 기도하고 있었습니다. 그때 영적 스승이 제자를 사랑하는 마음으로 말했습니다.

"아들아, 내가 주께 너를 유혹의 고통에서 해방시켜 달라고 기도하랴?"

그러자 그 제자는 이렇게 대답했습니다.

"스승님, 이 싸움이 무척 고단하지만 제가 이 무거운 짐을 짊어짐으로써 유익을 얻고 있다는 것을 알게 되었습니다. 다만 제가 능히 견딜 수 있는 인내를 허락해 달라고 기도해 주십시오."

그때 수도사는 제자에게 말했습니다.

"아들아, 몰라보게 성장했구나. 네가 나보다 낫다는 것을 이제 알게 되었다."

유혹 받고 있다는 것을 부정적으로만 볼 필요는 없습니다. 오히려 유혹을 받지 않고 있다고 느끼는 것 자체가 영적 큰 질병입니다. 이것은 영적 무뎌짐, 혹은 영적 무감각일 수 있습니다.

유혹을 받는다는 것이 또한 부끄러운 일이 아닙니다. 유혹을 받았을 때 그 유혹을 정직하게 나타내는 것이 중요합니다. 마귀의 충동질을 낱낱이 하나님 앞에 폭로하는 것보다 마귀를 더 괴롭게 하는 것이 없고, 마귀의 유혹을 은폐하는 것보다 마귀를 더 즐겁게 하는 것은 없습니다.

묵상기도 가운데 유혹에 대한 하나님의 놀라운 치유의 은혜를 경험하곤 합니다. 기도 중에 유혹 아래 있는 나 자신을 정직하게 그대로 하나님께 가지고 나갑니다. 나 자신이 유혹을 받았음을 인정하고 유혹 속에 여전히 계신 하나님을 바라봅니다. 그러면 하나님은 물이 위에서 아래로 흘러가듯이 내 안에 머물고 있던 유혹을 나에게서 떠나보냅니다. 그리고 유혹으로 인해 생긴 상처의 근원을 주님의 보혈로 치유해 주십니다. 그 속에서 하나님의 숨결을 더욱 깊이 체험합니다. "고생도 나에겐 유익한 일, 그것이 당신 뜻을 알려 줍니다"(시 119:71, 공동번역). 이 말씀에 의지해서 다음과 같이 외치고 싶습니다.

"유혹도 나에겐 유익한 일, 그것이 당신 뜻을 알려 줍니다."

함께

땅이 메마른 것이 아니라 하늘이 메말랐나 봅니다. 비가 오지 않는 날이 길어지면서 마을 어르신들의 얼굴에 주름은 깊어가고 등도 더 굽어보입니다. 지빠귀의 고운 울음소리가 골짜기에서 쉬지 않지만 비 소식은 없습니다. 잣나무 숲을 지나던 바람은 소낙비 소리, 폭포소리를 내며 흐르곤 했었는데 이제는 오래된 선풍기 돌아가는 소리만 날 뿐입니다. 개울물은 말라가고, 고여 있던 물이 따뜻해지면서 버들치가 배를 하늘로 드러내고 가쁜 숨을 몰아쉽니다. 산천초목이 물이 없어서 신음하고 있습니다.

마을 단오축제가 열렸습니다. 파종하느라고 흘린 땀을 식히고 모든 염려를 잊어버리고 하루 모여서 즐겁게 놀아보자는 취지였습니다. 아침 일찍부터 분주했습니다. 몇몇 젊은 남정네들은 나무에 그네를 매고, 아낙네들은 음식을 준비했습니다. 동양화가인 조 씨가 여기저기

장식해 놓은 풍선이 축제 분위기를 한껏 돋우었습니다. 동네 어르신들이 삼삼오오 모이기 시작했습니다. 막국수 틀을 가마솥 위에 올려놓고 장작불을 피워 직접 국수를 내렸습니다. 도심리교회 성도들은 드러내지 않고 구석구석에서 열심히 섬겼습니다. 한 상에 둘러앉아 점심식사를 즐기는 모습이 꼭 한 가족 같이 보였습니다. 아랫마을 무스터에 사는 노인회장님도 오셨습니다. 식사 후에 그네도 뛰고 취떡도 만들어 먹었습니다.

단오축제의 마지막 순서는 노래자랑이었습니다. 함 씨 집에 있는 노래방 기구를 빌려다가 설치했습니다. 논틀말에 사는 고 씨가 새벽에 산에 갔다가 15년 된 산삼을 캐 왔는데 노래자랑의 일등 경품으로 그것을 내놓았습니다. 모두 가수가 된 듯 열창했습니다. 춤을 추면서 다른 사람의 관심을 이끌어 내려고 노력했습니다. 눈을 감고 마이크를 두 손으로 정성껏 쥐고 목에 핏줄을 선명하게 세우고 목청껏 노래했습니다. 분위기가 점점 무르익자 산삼 경품에 대한 생각은 잊은 듯 모두 한 마음이 되어 어우러졌습니다. 화면에 나타난 점수는 대부분 90점대에 머물렀습니다.

길 씨 아저씨는 힘없이 의자에 앉아서 사람들을 바라보고 있었습니다. 길 씨 아저씨의 건강이 지난 몇 달 사이에 갑자기 나빠졌습니다. 작년에 모친상을 당한 충격으로 그렇게 된 것 같았습니다. 병원에 입원했다가 퇴원해 계셨는데 단오축제에 오셨습니다. 덩치는 크신 분인데 이제는 지팡이를 짚고 다니셔야 합니다. 눈동자에 빛을 잃고 모든 것을 체념한 것 같았습니다. 그런 아저씨를 보면서 노래자랑에서 누가 일등이 되든지 잘 설득해서 산삼을 길 씨 아저씨에게 주어야겠다고 마음먹었습니다.

노래자랑의 마무리 시간이 왔습니다. 앞에 나가서 정리하려는데 동네 분들이 나보고 노래하라고 성화였습니다.

"아니, 반장님은 왜 노래 안 하세요? 이건 불공평합니다."

이런 반응이 나올 줄 알고 노래책에서 선곡해 놓았습니다. 138번, "고향의 봄"이었습니다. 마이크를 잡고 말했습니다.

"저는 우리 마을이 '고향의 봄'의 노래 가사처럼 되었으면 좋겠습니다. 모두 함께 '고향의 봄'을 노래합시다."

♬♪ 나의 살던 고향은 꽃피는 산골
복숭아꽃 살구꽃 아기 진달래 ♬♩

노래하는 동안 어르신 몇 분은 내 앞에서 덩실덩실 춤을 추었습니다. 대머리 김 씨는 술기운에 흥겨워하며 나와 함께 마이크를 잡고 노래했습니다. 올해 연세가 여든둘이신 허 씨 할머니는 힘없이 손뼉을 치지만 얼굴에는 행복한 미소가 가득했습니다. "고향의 봄"은 마이크에서 울려 나오는 에코와 함께 골짜기마다 메아리쳤습니다. 강아지 구름, 토끼 구름이 서로 장난치며 지나갔습니다. 맑은 하늘에 산까치도 꽁지를 흔들면서 하늘을 활보했습니다. 참 평화로웠습니다. 노래를 다

부르고 나서 크게 허리 굽혀 인사하자 화면에 점수가 나왔습니다. 100점! 나도 놀랐고 모두 어안이 벙벙했습니다. 이렇게 해서 노래자랑의 1등은 나에게 돌아왔고 산삼은 내 몫이 되었습니다. 산삼을 들고 길 씨 아저씨의 건강을 기원하면서 전달했습니다. 모두 흐뭇한 표정들이었습니다.

"힘들고 어렵더라도 힘을 내세요. 지금은 매우 가물었지만 조금만 인내하세요. 곧 비가 올 겁니다."

꼭 예언자라도 되는 듯 말했습니다.

해는 뉘엿뉘엿 큰 홀아비 골을 넘어가고 막걸리 드시고 벌게진 어르신들의 얼굴에도 석양이 깃들기 시작했습니다. 이분들을 향한 나의 사랑도 흠뻑 익어갔습니다. 사랑이 별거겠습니까? 함께 웃어 주고 함께 어깨춤을 추고 함께 한숨 쉬는 것이 아니겠습니까? 내가 예수님을 사랑하는 이유는 하늘에만 계시지 않고 나와 같은 사람이 되시고 지금도 나와 함께 있다는 것입니다. 나의 웃음과 눈물 속에 계시고, 여행 중에도 계시고, 깊은 잠자리에도 계시기에 예수님이 정말 사랑스럽습니다. 아무리 값비싼 선물도 함께 있는 것만큼 값지지 않습니다. 시골 냄새 나고 짐승들의 배설물 냄새가 가득한 농부들의 집을 방문하면 어르신들은 내게 "아이고, 어찌 이리 누추한 곳에 오셨습니까?"라고 표현하시지만 좋아합니다. 백 마디 말보다 어깨 위에 손을 올려놓고 힘을 내라는 한마디가 더 힘이 있습니다. 시냇물에 있는 돌을 들추자 가재 세 마리가 나왔습니다. 가재가 있는 개울과 가재가 없는 개울은 큰 차이가 있습니다. 예수님은 나와 함께하고 싶으셔서 성령을 보내 주셨고, 성령을 통해 내 안에 계시므로 나는 밤하늘의 별이 되었고 하나님 나라의 보배가 되었습니다. 내 은밀한 죄악 때문에 아래 입술을 깨물고 난감해 하고 계신 예수님을 보지만 "내가 … 항상 너희와 함께 있겠다."(마 28:20, 공동번역; I am always with you. NKJV 현재형)라고 말씀하신 주님이 너무 좋습니다. 우리가 언제 함께할 수 있을까요? 언제 얼굴을 맞댈 수 있을까요? 언제 두 손을 잡을 수 있을까요? 언제 우리가 함께 뜨거운 심장 소리를 들을 수 있을까요? 함께하는 시간이 가장 큰 행복과 완전한 사랑의 순간입니다.

4장

봄,
새 이름 새 존재

새 이름 새 존재

한바탕 천둥, 번개, 강한 바람이 휘몰아치더니 굵은 가락국수 같은 비가 멀고 먼 하늘나라에서 쏟아져 내립니다. 비는 상추와 고추를 심고 있던 내 등을 떠밀면서 재촉이나 하듯이 집 안으로 몰아갑니다. 심던 고추 모종과 호미를 밭에 남겨 둔 채 서둘러 처마 밑으로 몸을 일단 피하고 내리는 비를 바라보았습니다. 그러자 쿵쿵거리며 뒤좇아 오던 비는 금방 그치고 꽁무니 빼고 급히 도망가는 나를 바라보면서 우스워 죽겠다는 듯 함박웃음을 짓습니다. 하늘도 올려다보고 먹구름 속에 언뜻언뜻 보이는 가느다란 햇살을 보면서 "멀리 높이 오랜만에 보네"라고 혼잣말을 해 봅니다.

산과 밭의 식물들은 비를 맞으면서 헤어졌던 오랜 친구를 만난 듯 서로 기뻐하는데 나는 비가 오면 빨리 피해야 한다는 생각이 앞섭니다. 나를 제외한 모든 자연은 내게 '비는 피하는 것이 아니라 맞는 거야'라고 말하는 것 같았습니다. 잣 꽃가루로 산이 온통 노란 연기를 피워 놓은 것처럼 되었었는데 비가 온 후에 맑고 깨끗한 세상으로 변했습니다. 심호흡을 크게 하고 들풀들에게 인사도 할겸 겟세마네 기도동산으로 산책을 나섰습니다.

농촌에 와서 산 지도 꽤 오래된 것 같은데, 모르는 식물들이 아직도 많습니다. 식물들에 대해 공부하고 그 이름들을 기억하려고 애쓰지만 헛수고에 불과했습니다. 식물도감을 보고 열심히 암기하지만 잘 외워지지 않습니다. 낯선 이름, 비슷한 이름, 다양한 유사 종류 때문입니다.

그러다가 하나님의 자연세계 속에 있는 모든 만물들의 이름을 부르는 희한하고 기발한 생각을 발견했습니다. 모르는 식물, 동물, 곤충 등을 볼 때마다 새로운 이름을 붙여서 부르는 것입니다. 예를 들면, 천둥 칠 때 발견한 풀은 '천둥이'라고 부르고, 번개가 칠 때 본 꽃은 '번개꽃'이라고 하고, 시냇물 옆에 있는 풀은 '흐르는 시냇물 옆에 있는 풀'이라 하면 됩니다. 새의 종류도 매우 많습니다. 낮에 노래하는 새도 있지만 밤에 깊은 숲에서 목소리를 길게 빼면서 노래하는 새도 있습니다. 부엉이와 소쩍새가 대표적입니다. 여치처럼 우는 새도 있습니다. 그런 새는 '여치새'라 부르면 되고, 퉁소처럼 우는 새는 '퉁소새'라 하면 되고, 밤 10시에 우는 새는 '깊은 밤새'라 하면 됩니다. 이러고 나니 얼마나 기뻤는지 모릅니다. 왜냐하면 하나님이 지은 모든 창조물들을 각각의 이름으로 부를 수 있기 때문입니다.

작년에 피었던 자리에서 똑같은 초롱꽃이 피었습니다. 초롱꽃은 내가 꼭 닮고 싶은 마음의 꽃입니다. 겸손하려는 듯 꽃의 모양은 항상 아래로 향하고 옛날 조상들이 들고 다녔던 초롱불과 같이 창호지로 불을 보호하고 있는 모습입니다. 올해의 초롱꽃은 작년의 초롱꽃과 똑같은 모양이지만 작년 초롱꽃은 아닙니다. 완전히 새로운 초롱꽃입니다. 자연세계를 종과 속으로 분류함으로 생겨난 현상입니다.

인간은 태어나서 각각 자기의 이름을 갖게 됩니다. 인간을 단지 '사람'이라고 부르지 않고 각각의 고유한 이름으로 부릅니다. 창세기 1장과 2장에 보면, 하나님이 천지를 창조하시고 아담으로 하여금 각각의 동물, 식물, 새에게 이름을 짓게 하는 장면이 나옵니다. 하나님은 이미 종류대로 만들어 놓으시고 후에 이름을 아담으로 하여금 짓게 하셨습니다. 아담이 어떻게 이름을 지었는지 알 수 없습니다. 그러나 분명한 것은 지금도 세계 모든 종족들에게서 동일한 동물의 이름이 각각 다르게 불리고 있습니다. 이것은 종족이 분화되면서 새로운 이름들이 생겨난 것입니다.

이름을 지어 주는 것은 인간에게 주신 하나님의 고유의 권한입니다. 이름을 부를 때 친밀한 관계가 시작됩니다. 이름을 부른다는 것은 사랑의 초청이기도 합니다. 자기 이름이 불리울 때 기쁘고 가슴 벅찬 이유는 선택받은 것을 알기 때문입니다. 성경은 우리의 이름이 하늘 생명책에 흐리지 않고 기록된다고 말씀하십니다. 주님은 우리의 이름을 기억하시고 우리를 부르시고 받아 주실 것입니다. 하나님은 아브라함, 모세, 바울의 이름을 하늘의 방식이 아닌 세상의 방식대로 부르셨습니다. 세상에서 사용하는 우리의 이름자를 정확히 알고 부르십니다. 또한 우리가 주님의 이름을 부를 때 주님은 말할 수 없는 기쁨과 인자하심으로 우리에게 다가오십니다. 이름은 존재 그 자체이고 전 인격입니다.

우리가 주님의 이름을 사랑할 때 주님도 우리의 이름을 사랑하시어 우리 영혼 가운데 이름으로 나를 기억하시고 이름으로 나를 불러 주십니다. 지금 사랑하는 사람들의 이름을 부르고 싶습니다. 윤동주 시인이 노래했던 것처럼….

> 소학교 때 책상을 같이했던 아이들의 이름과, 패, 경, 옥 이런 이국 소녀들의 이름과, 벌써 애기 어머니 된 계집애들의 이름과, 가난한 이웃사람들의 이름과 비둘기, 강아지, 토끼, 노새, 노루, '프랑시스 잠', '라이너 마리아 릴케' 이런 시인의 이름을 불러 봅니다.
>
> (윤동주의 "별 헤는 밤" 중에서)

들풀 위에 깃든 사랑

산책하다가 길가에 피어 있는 이름 모를 작은 꽃을 보았습니다. 너무 작았기 때문에 무릎을 꿇고 고개를 숙이고 자세히 보았습니다. 숭고한 예배자의 자세로 한참을 관찰했습니다. 활짝 피어 있는 모습 속에는 보랏빛 줄무늬가 가지런히 나 있고 중심에는 노란 꽃가루가 색의 조화를 이루고 있었습니다. 그런데 꽃 가운데에는 꽃술보다 더 작은 곤충이 열심히 일하고 있었습니다. 참 신기하고 축소된 우주를 보는 것 같았습니다. 산과 들에 있는 들풀들을 보노라면 아는 것보다 모르는 것이 더 많은 무식한 존재라는 사실을 새삼 깨닫게 됩니다. 하나님의 창조 세계 속에 있으면 나는 정말 무식합니다. 가는돌쩌귀, 괭이눈, 궁궁이, 깽깽이풀, 노루오줌, 당개지치, 만리화, 바위솔, 산톱풀, 앉은부채, 흰여로, 히어리 등의 들풀들의 이름은 식물도감을 통해서만 알 수 있는 것들입니다.

주변에 들풀들을 바라보면서 그 속에 깃들어 있는 하나님의 사랑과 섭리를 느꼈습니다.

“오늘 있다가 내일 아궁이에 던져지는 들풀도 하나님이 이렇게 입히시거든 하물며 너희일까보냐”(마 6:30).

하나님은 들풀 하나하나에 다른 옷들을 입혀 주셨습니다. 똑같은 옷이 하나도 없습니다. 비슷한 듯하지만 자세히 보면 모두 다릅니다. 그래서 들풀들은 모두 다른 모습을 하고 있습니다. 들풀 하나하나가 하나님 보시기에 소중하듯이 우리 한 사람 한 사람이 얼마나 소중합니까! 사람들은 나의 이름을 기억하지 못한다 할지라도 하나님은 나의 이름을 기억하시고 기뻐하십니다.

공동체가 속해 있는 도심리 마을은 열세 개의 골짜기로 이루어져 있습니다. 그 속에는 오묘한 들풀들이 서로 조화를 이루며 살아갑니다. 마을 입구에서부터 시작하면 다음과 같습니다.

다소곳하면서 늘 잔잔한 미소를 머금고 있는 족두리 풀과 같은 이 씨 할머니는 아들과 함께 한우를 키우며 노재이골에 뿌리를 내리고 있습니다. 흥미 있는 곳이 어디 없나 두리번거리고 있는 오리풀과 같이 멀쑥한 김 씨 아저씨는 도장골에 살고 있습니다. 보기에 매우 화사한 하얀 진달래와 같은 이춘상, 최종하 아저씨는 뒷골에 피어 있고, 나무숲 그늘에서 자라면서 범접하지 못할 강한 느낌을 주는 천남성 같은 임 씨 아저씨는 병마골에 계시고, 생명력은 어느 누구에게도 뒤지지 않는 민들레 같은 신동문 성도는 작은 홀애비골에 머물러 있고, 수수하면서 그윽한 향기를 뿜어내는 당귀와 같은 김충기 아저씨가 터 잡고 계신 곳은 큰 홀애비골, 어린 시절 산과 들과 개울에서 같이 놀던 친구들을 생각나게 하는 찔레꽃 같은 윤 씨 아주머니는 큰 골에서 흑돼지 농장을 경영하고 있습니다. 그 우측으로는 갈밭골이 있는데 고고하면서 멋을 내는 듯한 붓꽃 같은 김재기 씨가 있습니다. 작으면서 온유한 둥근이질풀 같은 신 씨 아주머니는 옮매기골에서 평생 살아왔습니다. 먹고 싶은 탐스러움으로 가득한 멍석 딸기 같은 조태복 성도님은 샛골에 줄기를 뻗치고 있고, 함부로 다루다간 가시에 찔리게 되는 큰 엉겅퀴 같은 박 씨는 대체골에 활짝 피어 있습니다. 공동체로 올라오다 보면 머우골이 있는데 그곳에는 머우가 많이 자랍니다. 머우잎처럼 넓적한 얼굴을 가지신 김 반장님이 그곳에 넓게 퍼져 있습니다. 마지막으로 갈릴리선교공동체가 있는 곳을 무래리 골짜기라고 합니다. 이 이름은 내가 해석한 것인데 무래리(霧來里)라는 말은 안개가 오는 마을이라는 뜻입니다. 안개는 성경에서 하나님의 임재를 표현합니다. 하나님의 임재가 언제나 충만한 무래리골에는 나와 내 아내, 두 딸 조이와 샤론인 초롱꽃 가족이 살고 있습니다. 초롱꽃 안에는 어두운 세상을 밝힐 빛이 담겨져 있습니다.

하나님이 이곳에 선교공동체를 세우신지 여러 해 되었습니다. 하나님의 사랑이 들풀에 깃들어 있는 것처럼 우리 공동체도 하나님이 돌보아 주셨습니다. 주 안에서 사랑하는 형제자매들과 더욱 깊은 주님의 사랑을 나누기 위해 공동체 자체적으로 작은 소식지를 만들기로 하면서 그 이름을 "들풀 위에 깃든 사랑"이라고 지었습니다. 비가 와도, 폭풍이 몰아쳐도, 햇볕이 뜨거워도 들풀은 말이 없고 조용합니다. 누가 알아 주지 않는다 할지라도 괜찮다고 손짓합니다. 들풀들은 오직 하나님의 사랑에 흠뻑 젖어 있습니다. 그것으로만 만족하고 하나님의 뜻에 순명합니다. 갈릴리선교공동체도 들풀처럼 말없이 하나님의 사랑을 흡수하고 그 사랑을 소금처럼 모든 이와 온 세상에 스며들게 하고 싶습니다.

정확하신 하나님

갈릴리선교공동체는 강원도 홍천에 위치해 있습니다. 공동체로 살면서 주님의 종들과 자녀들을 섬기고 있습니다. 이곳에서 선교사님들의 훈련과 안식, 중보기도, 공동체 생활을 통한 전인치유 사역이 이루어지고 있습니다. 공동체에는 농토가 약 2,000평 있고, 닭 40여 마리, 오리가 4마리 있습니다. 밭에는 옥수수, 감자, 고구마, 고추, 수박, 참외, 오이, 들깨, 콩, 호박 등 다양한 농작물이 다양한 풀들과 함께 어울려서 자라고 있습니다.

공동체는 하나님과의 관계회복뿐만 아니라 하나님의 창조질서 회복이라는 차원에서 자연과 더불어 하는 자연농법으로 농사를 짓고 있습니다. 자연농법에는 네 가지의 원칙이 있습니다.

첫째는 무농약입니다. 농약은 해충을 죽이는 역할을 합니다. 이것은 모든 벌레를 죽이는 역할을 합니다. 둘째는 무화학비료입니다. 비료는 인위적으로 식물을 성장하게 만듭니다. 셋째는 무제초입니다. 이 말은 풀을 제거하지 않는다는 뜻입니다.

여기까지는 유기농법과 같습니다. 마지막 하나는 유기농법과 다른 것인데 무기경(無起耕)입니다. 무기경 원칙은 사람이 밭을 갈지 않지만, 미생물이나 지렁이와 같은 벌레들에 의해 자연적으로 기경하는 것을 말합니다. 산나물과 더덕과 같은 자연물들을 보면서 자연농법은 하나님 농사법이라는 생각이 듭니다. 왜냐하면 하나님이 친히 농사를 짓기 때문입니다. 들의 백합화를 보십시오. 하늘의 까마귀를 보십시오. 하나님이 먹이고 입히십니다.

나와 가까운 곳 횡성에 있는 친구 목사님이 토종닭 75마리를 교회 집사님으로부터 사 주셨습니다. 그래서 방목해서 키우기 위해 약 300여 평 되는 야산에 크게 울타리를 쳐서 닭장을 만들었습니다. 닭이 너무 많은 것 같아서 동네 주민들에게도 나누어 주었습니다. 닭들은 서로 싸우다가 죽기도 했습니다. 닭고기로 요리를 해서 먹기도 했습니다. 거의 반 이상이 줄었습니다.

어느 날 닭이 몇 마리나 남았는지 세어보려고 닭장 안에 들어갔습니다. 그런데 닭들은 모습이 비슷하고 한 곳에 가만히 있지 않고 돌아다니면서 모이를 먹기 때문에 전체 숫자를 파악하기가 여간 힘든 일이 아니었습니다. 몇 번을 시도했지만 정확한 닭의 숫자를 세는 데 실패했습니다. 그래서 나중에는 대충 몇 마리 정도로만 알게 되었습니다. 아직도 정확히 몇 마리인지 모르고 약 40여 마리로 알고 있습니다. 40

마리는 많은 수가 아닌데 정확하게 센다는 것이 이렇게 힘들구나 하는 것을 느꼈습니다.

닭장 문을 닫고 나오면서 목자 되신 주님이 99마리 양을 들에 두고 잃어버린 한 마리 양을 찾아 나선 것에 대해 묵상했습니다(눅 15:4-7). 주님이 99마리의 양의 수를 정확히 세신 것도 중요하지만, 있어도 그만 없어도 그만인 한 마리를 귀하게 여긴 것이 더욱 놀랍습니다. 목자 되신 주님은 그의 자녀들을 정확히 계수하십니다. 서로 비슷하게 생긴 것 같지만 우리 주님은 우리를 정확히 셈하십니다.

이와 비슷한 말씀이 요한복음에도 나옵니다. 주님이 부활하셔서 갈릴리 호수에서 물고기를 잡는 그의 제자들에게 나타나셨습니다. 제자들은 밤새도록 물고기를 잡았지만 한 마리도 잡지 못했습니다. 그러나 주님이 그물을 배 오른 편에 던지라고 해서 던졌습니다. 물고기를 얼마나 많이 잡았던지 그물을 들 수 없을 정도였습니다. 요한복음에서는 잡은 물고기의 수를 정확히 153마리라고 기록합니다(요 21:11). 이것은 제자들이 물고기를 많이 잡았다는 것이 아니라 정확한 숫자를 강조한 것입니다. 상상해 보십시오. 막 잡은 고기들은 가만히 있지 않고 펄쩍 펄쩍 뛰었을 것입니다. 그렇기 때문에 153이라는 숫자가 나온다는 것은 정말 어려웠을 것입니다. 이 숫자가 나오기 위해서는 한 마리 한 마리를 확인하면서 셈했을 것입니다. 자신들은 밤새도록 애쓰며 그물을 던졌지만 한 마리도 못 잡았는데 주님이 오셔서 말씀하시자 한 번에 기적같이 많은 물고기가 잡혔습니다. 제자들은 한 마리 한 마리 세면서 진짜 살아 있는 물고긴지 손가락으로 눈도 찔러 보고, 배도 만지작거리고, 코로 비린 생선 냄새를 맡으면서 확인했을 것입니다. 이 숫자는 앞으로 제자들이 주님의 말씀에 순종해서 구원할 하나님의 자녀들의 정확한 숫자에 대한 예표입니다.

하나님은 그의 구원할 자녀들을 정확히 계수하십니다. 하나님은 대충 구원하지 않습니다. 단체로 구원하지도 않습니다. 하나님은 정확한 숫자로 구원하십니다. 우리의 머리털까지도 세신 하나님이 천하보다 귀하게 여기는 우리의 영혼을 정확히 계수하셔서 그의 생명책에 기록해 놓지 않겠습니까? 이것은 하나님의 은혜입니 다. 우리가 하나님의 은혜 가운데 있다는 것은 우리가 그분의 계수함 속에 있는 것입니다. 여기에는 우리의 의로운 행위가 끼어들 공간이 없습니다. 어떤 자격이나 조건이 있는 것이 아닙니다. 오직 하나님이 우리를 그의 자녀로 정확히 계수하신 것입니다. 정확히 계수하실 뿐만 아니라 계수하신 것을 잊어버리지도 않습니다. 그러므로 우리를 그의 자녀로 정확히 계수해 놓으신 우리 하나님께 영원한 감사를 드립시다.

정(定)한 때

봄입니다. 스치는 바람이 볼을 싸늘하게 할퀴고 지나가지만 양지에 고개 내민 새싹들은 방글거리며 새 생명의 기운을 전합니다. 병아리를 부화시켜야겠다는 생각을 했습니다. 미리 사서 준비해 둔 부화기를 꺼냈습니다. 유정란(有精卵)을 인공 부화기에 넣고 온도를 38.5도에 맞추고 습도 조절을 위해 물을 넣었습니다. 6개의 백열전구에 의해 온도는 자동 조절됩니다. 아침과 저녁으로 달걀을 굴려 주어야 합니다. 이것을 통해 병아리의 부화하는 과정을 자세히 관찰할 수 있었습니다. 정확히 21일째가 되면 알에서 병아리가 부화합니다. 처음에는 30개의 달걀을 넣고 부화시켰는데 21일이 지나도 병아리가 태어나질 않았습니다. 23일째 되는 날 부화기를 판 사람에게 문의했습니다.

"설명서대로 했는데 왜 병아리가 부화되지 않죠?"

부화기를 판매한 아저씨의 음성은 매우 냉정했습니다.

"부화되지 않았다고요? 온도가 낮아서 그런 겁니다. 온도를 지금보다 1도 높여 보세요. 지금 알에서는 병아리가 나올 것을 더 이상 기다리지 마십시오. 아까운 생각 말고 모두 버리세요."

단호한 아저씨의 음성에도 불구하고 혹시나 해서 하루, 이틀을 더 기다려 보았습니다. 그러나 달걀은 부화할 생각을 하지 않았습니다. 그래서 달걀 하나를 꺼내어 깨어 보았습니다. 모든 달걀 속에는 다리, 부리, 깃털까지 있는 병아리들이 죽어 있었습니다. 문제가 온도에 있었기에 온도를 높여서 두 번째 부화를 시도했더니 21일째 되는 날 밤에 부화기 안에서 "삐악삐악" 하는 병아리의 울음소리가 들렸습니다. 부화기의 문을 열고 보았더니 달걀 한쪽이 깨져 있고 부리가 보이면서 병아리가 울고 있었습니다. 생명의 소리를 들으니 기쁘고 신비함을 느꼈습니다.

다음 날 아침이 되자 몇 마리는 이미 나와서 여기저기 돌아다니고 있었습니다. 어떤 병아리들은 부리로 알을 깨면서 나오려고 무진 애를 쓰고 있었습니다. 보기에 너무 안 쓰러워서 쉽게 나올 수 있도록 하기 위해서 알을 깨 주었습니다. 그런데 그중에는 하나도 정상적인 병아리들이 없었습니다. 자세히 관찰하면서 그 원인을 알게 되었습니다.

21일째 되는 날 병아리는 부리로 달걀의 한 구석을 깨고 그 후에 알 속에서 자신의 몸을 360도 돌리면서 부리로 알을 깹니다. 이 과정을 통해 병아리는 충분한 운동을 하고 좁은 공간이지만 몸을 움직이면서 자신 몸의 근육과 뼈를 발달시키는 것을 보았습니다. 이것도 모르고 알을 미리 깨 버리면 병아리는 자신이 운동할 기회를 갖지 못하고 결국은 기형 혹은 장애를 갖고 태어납니다. 장애로 태어난 병아리들은 오래 살지 못하고 죽었습니다. 병아리들에게는 21일 동안 겪어야 할 과정이 분명히 있습니다. 그 과정의 어느 하나도 생략할 수 없습니다. 이 과정을 거치고 나면 온전한 생명체가 됩니다. 이것은 생명의 놀라운 신비입니다.

이스라엘 사람들은 유월절을 지키면서 먹는 음식들이 있습니다. 누룩을 넣지 않은 무교병, 구운 양고기, 쓴 나물, '하로셋'이라는 양념, 이것은 소금물입니다. 그런데 여기에 특이한 음식이 하나 더 있습니다. 그것이 바로 달걀입니다. 그들이 왜 달걀을 먹는지에 대해서 여러 가지 해석이 있습니다.

나의 경험을 통해서 이것을 설명하고 싶습니다. 이스라엘 백성은 이집트에서 나온 후에 광야에서 40년간을 지냈습니다. 이 기간은 가나안 땅을 들어가기 전에 가져야 할 필수 과정이었습니다. 이 과정을 지나야만 그들은 비로소 하나님의 약속의 땅에 들어갑니다. 이 과정은 하나님이 정해 놓으신 기간입니다. 사람과 어떤 제도가 이러한 하나님의 섭리를 바꿀 수 없습니다. 달걀에서 병아리가 되는 21일 과정이 반드시 있어야 하는 것처럼 이스라엘 백성들에게도 하나님의 정한 때가 반드시 있었습니다.

지금 우리에게도 하나님의 정하신 때가 반드시 있지 않을까요? 시간의 창조자와 주관자는 하나님이십니다. 하나님의 정한 때는 우리 마음대로 앞당기거나 늦출 수 없습니다. 그러면 오히려 큰일 납니다. 지구의 자전 시간을 줄이거나 1년의 공전 시간을 줄이거나 늘린다면 그것은 곧 지구의 혼돈과 파멸을 의미합니다. 우리 주님의 재림도 우리에 의해 앞당길 수 없습니다. 단지 우리는 주님의 말씀에 순종하고 주님의 때를 기다리면 됩니다.

잡초와의 전쟁

따스한 봄날입니다. 봄날의 햇살은 사계절 중에 가장 부드럽습니다. 어깨 위에 내려앉은 햇살은 저절로 어깨를 으쓱이게 만듭니다. 마음속 깊은 곳에 있는 창고의 창문을 열게 합니다.

아침에 자동차로 아이들을 학교에 등교시키고 돌아오는 길에 밭에서 일하고 계신 길 씨 아저씨를 만났습니다. 삼지로 된 호미로 밭에 풀을 뽑고 계셨습니다. 봄에 밭에 주로 나는 풀은 쑥, 개망초, 달맞이꽃, 버들강아지, 씀바귀, 애기똥풀 등입니다.

아저씨의 원래 직업은 시내버스 운전사였습니다. 퇴직 후 농촌에 와서 살게 되었습니다. 처음에는 건강을 위해 농촌에 왔지만 재정적으로 어려워 농사를 짓기 시작하셨습니다. 칠순을 넘기신 연세에 농사를 짓는다는 것은 쉬운 일이 아닙니다. 무엇보다도 밭에 나는 풀들이 정말 힘들게 합니다. 비가 올 때는 밭에 풀을 뽑고 뒤를 돌아보면 다시

뽑은 자리에 풀이 자랄 정도입니다. 풀이 있으면 농사가 안 되는 것으로 여기는 농민들에게는 풀은 최대의 적과 다름없습니다.

차창 너머로 손을 흔들면서 인사를 건넸습니다.

"안녕하세요? 날씨가 많이 따뜻해졌어요. 김 매세요?"

아저씨는 환히 웃으시면서 인사 대신 전쟁 소식을 전해 왔습니다.

"지금 잡초와의 전쟁을 하고 있습니다."

아저씨와 인사를 나누고 집으로 향하는데 간담이 서늘했습니다. 길씨 아저씨의 말 속에서 밭에 난 풀을 잡초로 부르는 것에 대해 마음이 편하지 않았습니다. 한글에서 '잡(雜)'이라는 표현은 여러 가지가 뒤섞여 순수하지 않거나 자질구레함을 뜻합니다. 그래서 '잡'자가 들어가면 주로 그 대상을 무시하거나 경멸하는 표현으로 쓰입니다.

농부들이 잡초라고 표현할 때도 동일한 의미입니다. 밭에는 다양한 풀들이 자라고 있습니다. 자라고 있는 풀들을 제거하기 위해 농부들은 여러 방법을 동원합니다. 가장 손쉬운 방법은 강력한 농약인 제초제를 뿌려서 풀의 뿌리까지 말려 죽입니다. 두 번째는 트랙터로 땅을 완전히 갈아엎으므로 풀들을 산산조각을 내서 죽입니다. 세 번째는 비닐을 이용하는 방법입니다. 이것은 바람에 의해 날려 오는 풀씨를 원천적으로 막고 땅 위로 자라는 풀들도 더 이상 자라지 못하게 하는 방법입니다. 네 번째는 호미를 사용해서 김을 맵니다.

내가 살고 있는 공동체에도 약 2,000평의 밭이 있는데 올해에도 감자, 오이, 상추, 토마토, 열무, 옥수수, 콩, 호박, 수박, 참외, 들깨, 딸기 등과 같은 여러 가지 농산물들을 파종했습니다.

공동체에 있는 밭에도 농부들이 잡초라고 말하는 풀들이 많습니다. 가장 많은 것 중에 하나는 쑥입니다. 쑥은 떡을 만들어 먹기도 하고, 된장국에 넣어서 끓여 먹기도 하고, 차를 만들어서 마시기도 합니다. 한방에서는 뜸을 뜨는데 요긴하게 사용됩니다. 쑥은 지혈, 이담, 해열, 진통 등에 뛰어난 효능을 가지고 있습니다.

다음으로 나는 풀은 쇠뜨기 혹은 뱀밥이라고 하는 풀입니다. 멀리서 보면 초록빛 바다가 있는 것처럼 보입니다. 쇠뜨기풀은 장 출혈, 기침, 천식과 소변이 잘 나오지 않는 증세에 좋습니다. 공동체에서는 닭들을 방목해서 키우는데 닭들이 가장 좋아하는 풀 중 하나가 바로 이것입니다.

다음에는 갈대입니다. 갈대의 번식력은 뛰어나고 뿌리가 땅에 단단히 묻혀 있기 때문에 뽑기가 매우 힘듭니다. 갈대는 해독제로 쓰이고 당뇨에도 효능이 있습니다. 가을에 갈대들이 바람에 흔들리는 모습은 살아 있는 생명체의 움직임 같습니다. 달밤의 갈대의 움직임은 꼭 살아 있는 어떤 형체를 하고 있는 것과 같아서 마음 약한 사람은 밤길을 다니지 못할 정도입니다.

풀들 안에 감추어진 신비한 효능과 역할은 우리들의 상상을 뛰어넘습니다. 이 세상에는 쓸데없는 풀은 없습니다. 단지 하나님이 지으신 고귀하고 아름다운 피조물만 있을 뿐입니다. 하나님은 모든 만물을 창조하실 때 고유한 소중성을 주셨습니다. 풀을 잡초로 부르는 이유는 비교의식에서 나온 인간 중심적 표현입니다. 인간은 자신들에게 이익을 주지 않으면 잡초로 여깁니다. 산이나 들에 나는 풀들을 굳이 잡초라고 부르지는 않습니다. 자신들의 밭에 나는 풀을 잡초라고 합니다. 양지바른 들판에서 자라는 달래나 밭 한가운데서 자라는 달래가 똑같습니다.

사람과의 관계도 비슷합니다. 각 사람이 가지고 있는 소중함을 생각해 보아야 하고 하나님의 관점에서 각 사람을 보아야 하는데 자기와 맞지 않으면 나쁜 것으로 쉽게 취급하고 심지어는 원수로 여깁니다. 나와 다르다는 것은 나와 다른 소중함이 있다는 증거입니다. 주님도 우리의 모습 그대로를 받아 주셨습니다. 우리를 하나님의 형상과 모양으로 지으셨기에 주님이 우리를 존귀하게 여기고 받아 주셨습니다.

이것처럼 우리도 다른 사람을 있는 모습 그대로 받아 주어야 합니다. 공동체 숙소 바로 앞에 있는 밭에는 감자, 고추, 수박, 들미나리, 쑥, 머우, 개망초, 뱀딸기, 고들빼기 등이 어우러져서 사이좋게 지내고 있습니다. 아름다운 하나님의 창조 세계의 조화입니다.

"저와 다른 당신은 소중합니다."

자유

보통 새벽에 울던 수탉이 요즘들어 시도 때도 없이 울어댑니다. 우리 공동체 닭장에 있는 수탉의 이름을 베드로의 영어식 이름인 '피터(Peter)'라고 지었습니다. 피터는 부리부리한 눈을 동그랗게 뜨고 두리번거리다가 목을 길게 뺀 후 머리를 약간 앞쪽으로 구부리고는 천지가 떠나갈듯 울어댑니다. 그 울음 속에는 깊은 소원이 들어 있습니다. 뒷발질로 당차게 흙을 파헤치며 먹이를 찾다가도 보란 듯 하늘을 향해 목청껏 소리를 높입니다. 피터가 자주 울어대자 자연히 관심을 가지고 지켜보았습니다. 그러다가 피터의 울음소리가 꼭 "꼭끼옥"이 아니라는 사실을 알았습니다. 피터가 암탉을 거느리고 다닐 때 우는 소리, 혼자 외롭게 있을 때 우는 소리, 새벽에 우는 소리가 각각 달랐습니다. 피터는 자신의 감정에 따라 울음소리의 억양과 길이를 다르게 표현합니다. 우리는 수탉이 "꼬끼옥" 하고 우는 줄 압니다. 이것은 학습되어진 고정관념입니다. 고정관념은 우리의 사고와 행동을 제한할 뿐 아니라 자신도 모르는 사이에 자유를 빼앗아 갑니다.

성령의 속성 가운데 하나는 자유입니다. 성령은 자유의 영입니다. 그래서 성령이 있는 곳에는 자유가 있습니다.

> "주는 영이시니 주의 영이 계신 곳에는 자유가 있느니라"(고후 3:17).

성령은 바람과 같이 임의로 붑니다. 성령 충만한 사람은 주님이 주신 자유로 충만합니다. 주님의 자녀들이 영적 자유를 누리지 못하는 가장 큰 이유는 영적 고정관념 때문입니다.

사도행전 2장에는 오순절에 성령이 강림한 사건을 말씀하고 있습니다. 성령이 강림한 장소는 120명이 모여서 기도하던 집이었습니다. 성령은 "그들이 앉은 온 집에" 가득했습니다(행 2:2). 이 집이 누구의 집인지 정확하지 않습니다. 보통 알고 있는 '마가의 다락방'이라는 표현은 마가복음 14장 15절에 "준비한 큰 다락방"에서 유래한 것입니다. 성경은 성령 강림한 장소가 어느 특정인의 집을 강조하고 있지 않음을 보여 줍니다. 성령 강림이 예루살렘 성전일 수도 있었을 것이고, 베드로나 마리아가 기거하던 집일 수도 있었을 것입니다. 아니면 겟세마네 동산에서 밤에 예수님을 생각하면서 산기도 하다가 성령을 받을 수도 있었을 것입니다. 그러나 성령은 특별한 의미를 제공하는 장소가 아니라 일반 가정집에 강림하셨습니다.

성령을 받은 사람들의 모습을 봅시다. 예수님이 부활하시고 승천하신 후, 120명의 제자들이 모여서 10일 동안 기다리며 기도했습니다. 초대교회는 성령을 통해 시작되었습니다. 교회 출발을 위해 가장 중요한 인물은 베드로, 야고보, 요한이었습니다. 세 제자는 예수님의 가장 가까이 있었던 자들임을 사복음서가 증언합니다. 그런데 성령은 수제자들에게 먼저 임하지 않았습니다. 12명의 제자들에게 먼저 임하지도 않았습니다. 더욱이 예수님의 식구인 모친 마리아와 동생들에게 우선적으로 임하지도 않았습니다. 같은 집에 모여 기도하던 120명은 "다 성령의 충만함을 받게" 됩니다(행 2:4). 성령 강림에 대한 요엘서 예언에서 그 대상을 보면 당시의 고정관념을 완전히 허무는 것을 볼 수 있습니다. 거기에는 "아들들과 딸들, 청년들, 노인들, 남종들과 여종들"로서 전혀 차별이 없었습니다(행 2:17 NIV). 성령 강림이 이렇게 장소나 사람에게 특정화되지 않은 이유는 하나님의 어떤 의도가 숨어 있는 것이라기보다는 성령이 가지고 있는 자유의 속성 때문입니다.

공동체 배전기 안에 딱새가 집을 짓고 여섯 개의 알을 낳았습니다. 딱새 알은 파란 하늘에 별을 흩뿌려 놓은 듯한 모습입니다. 어느덧 부화한 새끼들이 눈도 못 뜬 채 먹이를 가져다주는 어미새만 기다립니다. 딱새 부부는 열심히 새끼들에게 먹이를 가져다줍니다. 새끼들이 점점 자라면서 한정된 공간인 작은 집에 있을 수 없게 되었습니다. '이제 곧 집을 떠나가겠구나.' 생각했습니다. 드디어 가슴과 배에 주황색의 털이 생기고 부리 주위에 노란 띠가 없어지더니 딱새 가족이 집을 떠났습니다. 아직도 딱새 집 주위에는 어린 새끼들의 배설물이 배어 있고 애벌레들의 비릿한 냄새가 느껴졌습니다. 딱새 가족은 다시는 자기들이 살았던 집으로 돌아오지 않을 것입니다. 내년에도 결코 다시 옛집을 사용하지 않을 것입니다. 이것은 새들의 특징입니다. 이제 그들은 온 세상을 자기들의 집으로 여기고 살 것입니다. 비바람이 치고 눈보라가 몰아쳐도 전기줄에 꿋꿋하게 앉아있을 망정 자기 집은 결코 생각하지 않을 것입니다.

자유! 성령은 우리에게 자유를 주십니다. 초대교회 성도들은 다락방에 머물러 있지 않았습니다. 성경은 성령 강림 후에 그 다락방에 대해 더 이상 기록하지 않았습니다. 전통, 체면, 성지, 성인, 언어, 민족, 불치의 병, 실패, 율법, 영적 고정관념 등이 성령을 가두어 두던 우리의 다락방이라면 문을 활짝 열고 뛰어 나와야 합니다. 잃어버린 자유를 찾아야 합니다.

위치

하나님이 하늘에 계시니 온 세상은 평화롭습니다. 봄이 돌아오니 작년에 헤어졌던 내 친구들인 진달래, 개나리, 무덤가의 할미꽃, 달래, 머위, 참나물, 원추리, 애기똥풀, 노랑나비, 이름 모를 새들과 다시 만나게 되었습니다. 이 순결한 만남의 기쁨이랴!

봄이 되면 무엇보다도 농부들의 마음은 새로운 시작과 기대로 들뜨고 손과 발도 저절로 바빠집니다. 농부들이 가장 먼저 해야 할 일은 파종할 씨앗을 점검하고 밭을 일구는 일입니다.

올 농사를 위해 삽으로 밭 일구는 노동을 하다가 큰 돌을 발견했습니다. 웬만한 돌은 삽으로 하면 쉽게 캐낼 수 있는데 이것은 곡괭이를 사용했는데도 꿈쩍하지 않았습니다. 그래서 삽으로 돌 주변을 파기 시작했습니다. 삽으로 파면 팔수록 돌은 더욱더 큰 형상을 드러냈습니다. 이것은 단순히 돌이라고 하기보다는 바위라고 표현하는 것이 좋을 것입니다. 좀 쉬었다가 계속해서 팠지만 돌은 땅속에 깊이 박혀서 꼼짝도 하지 않았습니다. 포기할까 하는 생각이 들었습니다. 결국 다음날 다시 시도했습니다. 반나절을 그 돌과 씨름 한 후에 깊이 박혀 있던 돌을 캐냈습니다. 돌을 밭 가장자리로 굴리면서 혼잣말로 중얼거렸습니다.

"너는 이곳에 있을 존재가 아냐."

세상의 모든 존재는 자기가 있어야 할 위치가 분명히 있습니다. 만약 그것이 자기의 위치를 떠난다면 그 존재의 의미는 상실됩니다. 있어야 할 위치에서 떠나는 것 자체가 죄악의 환경이 됩니다. 알퐁스 도데의 책에서 "모든 상황이 내가 범죄하기에 적당하게 되었다"라는 표현과 같을 것입니다.

마귀는 원래 천사였습니다. '천사가 어떻게 마귀가 되었을까?'라는 질문에 유다서에서는 다음과 같이 말씀합니다. 천사가 자기 지위를 지키지 아니하고 자기 처소를 떠났기 때문입니다(유 1:6). 천사였지만 자기의 위치를 떠났을 때 치명적인 죄악의 결과를 낳았습니다.

우리 공동체는 산으로 둘러싸여 있습니다. 이곳에 있으면 조용할 것이라고 말하는 사람이 많습니다. 그런데 밖에서 노동하다 보면 끊임없이 들리는 소리가 있는데 비행기 소리입니다. 초음속 전투기 소리가 가장 큽니다. 짧은 순간이지만 두세 대가 간격을 두고 한 번 지나가면 정신을 차릴 수가 없는 상태가 되곤 합니다. 정찰기는 선회하면서 비행하기 때문에 오랜 시간 엔진 소리가 커졌다가 작아졌다가를 반복하면서 지나갑니다. 헬리콥터 소리도 만만치 않습니다. 이런 소리들을 통해 비행기의 종류와 헬리콥터의 종류가 많다는 사실을 알았습니다.

밭에서 노동할 때에 묵상, 찬양, 중보기도를 하고 경건하게 보내려고 애쓰다가도 끊임없이 들려오는 비행기 소리에 순간 혈기가 나서 삽을 집어던진 적이 한두 번이 아닙니다. 나중에는 앞으로 올 비행기를 생각하며 미리 신경질적인 내 마음을 보게 되었습니다. 어떤 사람이 "산 속에 있으면 조용해서 주님과 더 깊은 묵상이 잘 되겠네요"라고 말하면 살짝 미소 짓고 넘어 갑니다.

그런데 언제부턴가 비행기 소리가 들리지 않았습니다. 참 놀라운 발견이었습니다. 비행기들이 어디론가 다 날아가고 없어진 것도 아닐 텐데, 곰곰이 생각해 보니 단 한 가지 이유가 있었습니다. 그것은 침묵기도 때문이었습니다. 침묵기도 수련에서 핵심적인 강조점은 내면의 모든 마음을 오로지 현존하시는 하나님께 두는 것입니다. 마음의 지향(志向)을 끊임없이 하나님께 둡니다. 마음이 하나님으로부터 멀어지게 하는 모든 것을 분심(分心)으로 여깁니다. 분심이란 과거, 현재, 미래에 대한 생각, 오감에 의한 것, 감정과 이성의 활동에 의한 것, 심지어는 환상, 계시, 은사 등과 같은 영적인 현상들까지 포함합니다. 어떤 것이든 우리의 마음을 하나님으로부터 멀어지게 하는 것이 있다면 그것은 분심입니다. 분심을 통해 현존하시는 하나님께 나의 마음의 지향을 계속해서 둘 수 있기 때문에 분심 자체가 나쁜 것은 아닙니다. 비행기 소리에 나의 마음이 격동하는 것은 내 마음이 비행기에 가 있다는 증거입니다. 원래 나의 마음은 하나님과 연결되어 있어야 하고, 하나님을 향해야 하고, 하나님 안에 있어야 합니다. 즉 나의 마음의 참된 위치는 바로 하나님입니다. 이럴 때 비로소 참된 안식과 평안을 누릴 수 있습니다. 성 어거스틴의 말이 옳습니다.

"우리 영혼이 하나님의 품속에 안기기까지는 참된 안식은 없습니다."

누가복음 15장에는 집을 나간 둘째 아들에 대한 비유가 나옵니다. 둘째 아들이 모든 것을 다 탕진하고 집으로 돌아갈 생각을 하게 됩니다. "이에 스스로 돌이켜"(눅 15:17, when he came to himself, KJV) 원어의 의미는 그가 자기 자신에게로 돌아온 것으로 표현합니다. 자기의 위치를 떠났을 때 그는 정신없이 살았습니다. 그의 근원적 위치는 그의 아버지 집입니다. 그래서 결국에는 아버지의 집으로 돌아갑니다. 실패와 낙심 당한 후에 발에는 힘이 없고 두 팔을 축 늘어뜨린 채 눈동자에도 힘이 없고 단지 아버지께로 가야겠다는 마음만 가지고 오고 있는 아들을 멀리서 보고 황급히 달려오고(눅 15:20) 있는 늙으신 아버지의 모습을 상상해 보십시오. 그는 진정 자기의 위치를 찾았습니다. 그곳에서 그는 믿음, 소망, 사랑으로 충만하게 됩니다. 지금 우리의 마음을 하나님께로 향합시다.

"하나님, 지금 저의 마음의 위치를 하나님께 둡니다. 저에게 속히 달려오세요!"

예수로 채움

살랑살랑 불어오는 바람이 봄을 느끼기에 충분하지만 산기슭에는 아직도 녹지 않은 눈이 겨울의 꼬리를 늘어뜨리고 있습니다. 봄에 나는 산나물 중 가장 빨리 나오면서 내 가슴을 설레게 하는 것은 미나리싹이라고 하는 영아자입니다. 이것의 연한 잎사귀를 뜯으면 하얀 진액이 나오면서 애기들의 살내음과 같은 향이 콧구멍으로 들어옵니다. 산과 들에서 자라나는 산미나리를 한 움큼 캐서 흐르는 시냇물에 모두 담가서 씻습니다. 그러면 물은 금방 흙탕물로 변하지만 곧 흘러 들어오는 물에 의해서 맑은 물로 바뀝니다. 흙탕물을 애써서 퍼낼 필요는 없습니다. 산미나리를 하나하나 정성스럽게 다듬고 씻다 보면 흘러 들어오는 맑은 물에 의해 고여 있던 흙탕물은 금방 깨끗해집니다. 맑은 물이 충만하자 흙탕물은 온데간데없어집니다.

공동체 기도의 집 앞에 있는 앵두나무는 발그레한 싹을 틔우더니 이내 하얀 꽃으로 옷을 갈아입고 새 단장을 합니다. 벌과 나비들이 오랜만에 만난 친구처럼 앵두나무 주위를 맴돌면서 서로 기뻐합니다. 살짝 눈을 들어 원근의 산들을 바라보니 세상이 꽃동산으로 바뀐 것처럼 꽃으로 가득합니다. '내 주변에 이렇게 꽃이 많았나?' 봄기운으로 충만한 세상은 하나님의 현존을 강력하게 드러내고 있습니다.

봄 향기 가득한 지금 우주는 하나님의 현존으로 충만합니다. "나는 천지에 충만하지 아니하냐"(렘 23:24) 하나님은 창세로부터 그의 보이지 아니하는 것들, 곧 그의 영원하신 능력과 신성을 그 만드신 만물에 분명히 보여 알게 하셨습니다(롬 1:20). 하나님은 우리의 손이 닿는 곳에, 우리의 발길이 머무는 곳에, 우리의 눈이 가 닿을 수 있는 곳에, 모든 곳에 충만해 계십니다. 온 세계는 하나님의 충만하심 속에서 운행되고 있기에 기쁨과 감격으로 충만합니다.

에베소서 1장 23절 말씀에, 예수 그리스도는 교회의 머리이시고, 교회 안에 충만해 계시고, 만물 안에 충만해 계신다고 합니다. 개역한글 성경에서는 "만물을 충만케" 하신다고 말씀합니다. 이 말씀은 이해하기가 좀 어렵습니다. 에베소서에서는 예수 그리스도를 만물 안에 충만하신 분으로 말씀하려는 것입니다. 영어 성경 리빙바이블(NLT)에서는 그리스도의 현존으로 만물을 채우신다고 말씀합니다.

예수 그리스도가 성령을 우리에게 보내 주신 이유는 우리 안에 현존해 계시기 위한 것입니다. 우리가 여호와의 성령을 떠나 피할 수 없습니다(시 139:7-10). 우리는 성령을 통해서 하나님의 말씀을 깨달을 수 있고 살아 계신 예수 그리스도를 믿을 수 있습니다. 성령은 우리 가운데 항상 계신 분이십니다(요 14:16). 동서고금을 막론하고 하나님의 현존이 없던 때는 없었습니다. 하나님은 살아 계시고 우리 가운데 현존해 계시기에 온 세상은 하나님의 뜻대로 운행되고 있습니다. 삼위일체 하나님은 온 우주 가운데, 교회 가운데, 나의 인생의 삶 속에 충만해 계십니다.

문제는 하나님의 현존을 감지할 수 없는 우리의 연약함에 있습니다. 눈이 있어도 보지 못하고, 귀가 있어도 듣지 못하고, 손이 있어도 느끼지 못합니다. 우리의 이러한 연약함을 아시는 분이 하나님이십니다. 그래서 우리에게 필요한 것은 하나님의 은혜입니다. 하나님이 우리의 연약함을 도와주셔서 눈과 귀를 열어 주시고 감각으로 느끼게 하셔야 하나님의 현존 속에 우리가 있음을 알 수 있습니다. 이것을 위해 우리의 의식은 전심으로 하나님을 향해야 합니다. 하나님의 얼굴을 구한다는 것은 하나님의 현존을 구한다는 의미입니다.

하나님의 현존은 우리 안에 충만한 예수 그리스도로 말미암아 이루어집니다. 하나님의 현존을 위해서는 그리스도로 충만해야 합니다. 이것은 그리스도로 채워야 함을 의미합니다. 그리스도로 채우는 단순한 방법이 있습니다. 우리가 의식하고 있는 모든 순간에 다음과 같은 짧은 기도를 반복하는 것입니다.

"주님, 저를 예수 그 리스도로 채워 주소서!"

이것은 주님의 현존을 받아들이고 인정하는 기도입니다. 이것은 흙탕물을 제거하려고 애쓰기보다는 맑은 물을 받아들이는 과정과 같습니다. 우리 안에 있는 흙탕물과 같은 연약함, 죄의식, 비참, 좌절, 무거운 짐 등을 해결하려고 하기보다는 맑은 물이 되시는 예수 그리스도를 우리 영혼 속으로 받아들이고 채우는 것입니다. 예수 그리스도로 채우면 모든 것은 자연히 사라지게 됩니다. 사람은 채워져 있는 것에서 그 채워진 것이 나옵니다. 우리가 예수로 채워진다면 우리의 생각이 예수의 생각이 되고, 우리의 열정이 예수의 열정이 되고, 우리의 언어가 예수의 언어가 됩니다.

"주님, 저를 이 시간 예수 그리스도로 채워 주소서!"

닭똥을 가슴에 안고

하나님의 현존에서 벗어날 수 있는 것은 아무것도 없습니다. 존재하는 모든 것에는 하나님의 숨결과 마음의 표현이 들어 있습니다. 성 프란치스코의 기도를 들어 보십시오.

> 찬미를 받으소서, 저의 주님, 당신의 모든 피조물들과 함께….
> 그중에서도 저 태양 형님은
> 지고하신 주님을 가리키는 표시입니다.

하나님의 임재를 담은 자연 만물을 사랑하는 것은 곧 하나님을 사랑하는 것과 같습니다. 하나님은 창세로부터 그의 보이지 아니하는 것들, 곧 그의 영원하신 능력과 신성이 그 만드신 만물에 분명히 보여 알게 하셨습니다(롬 1:20). 만물 속에서 우리는 하나님의 존재를 완전하지는 않지만 충분히 볼 수 있습니다. 우리는 흑백논리 혹은 선과 악을 구분하는 이분적 사고를 배격해야 합니다. 기쁨과 슬픔은 다른 것처럼 보이지만 하나님의 현존 앞에서는 동일한 하나님의 말씀이 됩니다. 역설적으로 성경에 사탄의 존재와 활동, 심지어 그의 말까지 나옵니다. 거룩하며 순결한 하나님 말씀 속에 어떻게 사탄이 존재할 수 있을까요? 사탄이라도 하나님으로부터 독립해서 존재할 수 없음을 말씀하는 것입니다. 사탄이 성경에 존재하고, 하나님 창조하신 만물 가운데 존재하면서 오히려 하나님의 선하심과 인자하심을 드러냅니다. 모든 존재를 하나님의 현존의 관점에서 본다면 모두 신비합니다. 왜냐하면 하나님은 거룩하고 신비하기 때문입니다. 우주 만물은 하나님을 담을 수 없습니다. 하나님이 우주를 담고 계십니다. 솔로몬왕의 고백이 맞습니다.

> "하나님이 참으로 땅에 거하시리이까 하늘과 하늘들의 하늘이라도 주를 용납하지 못하겠거든 하물며 내가 건축한 이 성전이오리이까"(왕상 8:27).

공동체에는 약 70여 마리의 닭이 있습니다. 닭을 방목해서 키우기 때문에 닭장 속에는 닭똥이 그렇게 많지는 않지만 낮 동안 계속 먹다가 밤이 되면 닭장에 들어가서 쉬고 잠을 자면서 똥을 싸기 때문에 횃대 밑에는 많은 닭똥이 쌓여 있습니다.

어느 날 거름을 만들기 위해 닭똥을 치우다가 닭똥에 대해서 깊이 생각하는 시간을 가졌습니다. 닭은 사람에게 달걀을 선물로 주다가 나중에는 살코기로 헌신합니다. 그리고 일생 동안 배설한 똥은 식물을 자라게 하는 데 놀라운 능력을 가져다줍니다.

닭똥이 얼어 있기 때문에 라면 박스 넓이만큼의 크기로 운반할 수밖에 없었습니다. 그것을 들기 위해 자연히 양손으로 닭똥을 가슴에 안고 퇴비를 모아둔 곳으로 가야만 했습니다. 가는 동안 닭똥의 다양한 모양을 보았습니다. 어떤 것은 떡볶이처럼 생겼고, 어떤 것은 알밤처럼 생겼고, 어떤 것은 아이스크림처럼 생겼고, 어떤 것은 지렁이처럼 생겼고, 어떤 것은 달팽이처럼 생겼습니다. 뭉툭한 것, 동그란 것, 삼각뿔 모양, 긴 것, 엄지손가락처럼 생긴 것 등 모양이 매우 다양했습니다. 닭똥을 손위에 올려놓고 자세히 들여다보니 그 속에 있는 색깔과 무늬가 서로 조화를 이루면서 하나의 예술 작품을 만들어냈습니다. 닭똥의 색깔도 정말 다양했습니다. 흰색, 회색, 청색, 녹색, 비취색, 갈색, 군청색 등등 화가의 붓에서 흘러나온 것처럼 깊은 예술적 경지를 보았습니다. 닭들은 결코 예술을 전공한 적이 없습니다. 이들은 단지 먹고 배설하는 것인데 거기에는 놀라운 예술적 솜씨가 있습니다. 닭들은 모두 예술가와 같았습니다.

하나님 안에서 모든 것은 예술 작품과 같습니다. 자연 만물은 모두 예술적 모습을 갖고 있습니다. 인간의 모든 예술은 결국 하나님의 창조 세계인 자연을 모방한 것에 불과합니다. 성경에서 '창조'라는 말은 히브리어로 '바라(ברא)'이고, 헬라어로는 '포에마(ποεμα)'입니다. 이 말은 헬라어의 '시(詩)'와 동일한 언어입니다. 후에 이 단어는 영어로 '시'에 해당하는 'poem'이라는 단어가 됩니다. 하나님의 창조 사역은 하나님의 시작(詩作)과 같습니다. 하나님의 '시어(詩語)'가 현실이 된 것이 창조입니다. 그래서 우리는 창세기 1장 1절을 다음과 같이 말할 수 있을 것입니다.

"태초에 하나님이 천지를 시작(詩作)하시니라."

창조된 하나님의 세계 속에서 하나님의 깊은 마음과 뜻을 알 수 있습니다. 지금도 하나님이 지으신 모든 자연 만물 안에는 하나님의 시와 노래가 있습니다.

노동과 기도

늦은 오후였습니다. 밭에서 돌을 골라내는 노동을 하고 있었습니다. 큰 돌, 작은 돌, 뾰족한 돌, 넓적한 돌. 밭에는 돌들이 정말 많습니다. 돌은 골라내고 골라내도 계속해서 나왔습니다. 강원도에서는 돌을 가져가면 아무 말도 하지 않지만 흙을 가져가면 뭐라고 한마디한다고 합니다. 돌을 골라내면서 '내 마음은 강원도 밭'이라고 중얼거렸습니다. 이마와 눈언저리에 맺힌 땀도 식히면서 쉴 겸 밭가에 앉았습니다. 그때 나도 모르게 가슴이 뜨거워지면서 두 눈에서는 눈물이 흘러내렸습니다. 스스로 놀라면서 자문했습니다.

"내가 왜 울고 있을까?"

"끝도 없이 나오는 돌 때문에 일하는 것이 힘들어서 우는 것일까?"

"보란 듯이 주님의 일을 하지 못하고 산골에 와서 농사짓는 것이 서러워서 우는 것일까?"

모두 아니었습니다. 분명한 이유를 알 수 없었습니다. 옷소매로 눈가와 볼에 흘러내린 눈물을 훔쳐내고 잠시 생각에 잠겼습니다. 이유를 알아냈습니다. 바로 하나님의 임재를 경험했기 때문이었습니다. 주님이 임마누엘하셔서 나의 영혼을 만지고 계셨습니다. 다른 이유는 없었습니다. 단지 하나님이 나와 함께 계시다는 사실 하나만으로 내 영혼은 흘러넘치는 큰 감격을 억제할 수 없었습니다. 최근에 내 기도와 예배 시간을 통해 하나님의 임재를 이렇게 경험하지 못했는데 주님은 내 노동 현장에 찾아오셨습니다.

사하라 사막에서 10년 동안 수도사의 삶을 통해 하나님의 임재를 경험한 까를로 까레또(Carlo Carretto)의 고백처럼 나도 동일한 고백을 할 수 있었습니다.

"하나님, 당신은 사명, 업적, 선업, 명령하신 과업보다 더 위대하신 분이십니다."

하나님은 내가 감당하기 원하는 그 어떤 사명보다 위대한 분이십니다. 어떤 기적과 능력보다 위대하신 분이십니다. 주님의 임재를 느낄 때 주님을 향해 할 수 있는 말은 이것뿐입니다.

"주님 한 분만으로만 만족합니다. 주님, 사랑합니다."

내 노동시간에 임하신 주님을 찬양했습니다.

성장하는 공동체의 두 개의 큰 기둥이 있는데, 하나는 노동이요 다른 하나는 기도입니다. 성장하는 공동체라면 이 둘을 잘 조화시켜 나아가야 합니다. 많은 성도들이 기도는 거룩한 것이요 노동은 속된 것으로 여깁니다. 그러나 기도와 노동은 동일한 예수 제자의 전인적인 삶이 되어야 합니다. 새벽기도와 예배를 강조하는 것은 옳은 일이지만 이것이 지나쳐서 새벽기도와 예배를 잘 드려야 신앙생활을 잘하는 성도로 인정하려고 해서는 안 됩니다. 영적 싸움에서의 승리는 형식적이고 규칙적인 예배에 있는 것이 아니라 하나님과 동행하는 삶에 있습니다. 그러므로 성도들로 하여금 하나님의 임재 속에서 동행하는 삶을 살도록 격려하고 도와주어야 합니다.

새벽기도회를 예로 들어 봅시다. 대부분 교회에서 새벽기도회에 참석하는 성도는 10% 이하라고 합니다. 그리고 이 10%도 세상 속에서 직업을 가지고 활동을 하는 성도들이라기보다는 연세 드신 장로님, 권사님, 집사님과 같은 성도들로 구성되어 있습니다. 새벽기도회에 참석하지 않는 나머지 90%의 성도들은 실질적으로 세상에서 노동에 힘쓰는 자들입니다. 새벽기도회에 참석하지 않는 이유 만으로 이들이 믿음이 없거나 성령 충만할 수 없다고 여긴다면, 세상 속에서 치러야 할 영적 싸움에서 승리할 수 있는 근거를 잃어버리는 것과 같습니다. 교회의 직분자가 새벽기도에 참석하지 못해서 죄책감에 사로잡혀 말하는 것을 종종 듣습니다.

"저는 가짜 집사입니다. 새벽기도회도 나가지 않는 걸요."

교회에는 많은 예배 시간이 있습니다. 교회 성도 중에 교회의 공적 예배에 모두 참석하는 숫자도 전체의 약 10% 정도일 것입니다. 한국 교회는 예배에 참석 잘하면 믿음이 좋고 주일 예배만 드리는 성도는 믿음이 연약하다고 여깁니다. 그래서 교회마다 믿음이 좋다고 여겨지는 10% 안으로 나머지 90%가 들어오게 하려고 힘씁니다. 산술적으로도 교회의 영적 부흥을 원한다면 10%보다는 90%에 관심을 두어야 할 것입니다. 교회 성도의 90%가 그들 시간의 90%를 세상에서 살고 있습니다. 교회는 바로 여기에 관심을 두어야 합니다. 여기에 놀라운 주님의 비밀과 보화가 있습니다. 이제는 교회가 성도들을 교회로 끌어 들이려고 하기보다는 성도들로 하여금 그들의 삶과 노동의 현장 속에서 하나님의 임재를 경험하면서 살아 계신 예수 그리스도와 그의 복음을 증거하도록 격려해야 합니다.

지난 봄, 공동체의 땅을 고르기 위해 포클레인을 사용한 적이 있습니다. 포클레인 기사는 10년 동안 그 일을 해 온 기술자였습니다. 포클레인에 부착되어 있는 큰 손을 자유자재로 사용하면서 흙과 돌들을 옮기기도 하고 땅을 평탄하게 하면서 밭도 만들고 축대도 쌓고 마당도 만들었습니다. 만약 한 사람이 한다면 한 달 이상 걸리는 작업입니다. 포클레인 기사가 작업해 놓은 것들은 꼭 예술 작품과 같아 보였습니다. '정말 잘한다'는 감탄이 입에서 저절로 나왔습니다.

오늘날 예수의 제자들의 영적 영향력이 어디에 있습니까? 경건하고 기도 잘하고 말씀 사랑하는 것은 교회 안에서 영향력이 있을지 모르지만 세상 속에서는 어떤 영향력도 끼치지 못합니다. 예수의 제자들은 예수의 향기를 노동과 삶을 통해서 사회 속에서 끼쳐야 합니다. 만약 노동이 기도요, 예배라는 사실을 믿고 고백한다면 세상 속에서 주님의 향기를 드러낼 수 있을 것입니다. “쉬지 말고 기도하라”는 말씀은 우리의 삶 전체가 기도가 되어야 하고 하나님과의 온전한 연합을 의미합니다.

그냥 그 자리

작은 시냇물이 공동체를 가로질러 "까불랑 까불랑" 소리를 내며 흐릅니다. 주변 산에는 잣나무들이 가득 들어차 있습니다. 그중에 시냇물 바로 옆, 산 밑자락에 약 40년 정도 된 잣나무가 서 있습니다. 우람하고 웅장하게 뻗어 있는 가지들을 볼 때마다 마음에 큰 위로와 용기를 갖습니다. 이 잣나무에는 이름 모를 다양한 새들이 깃들곤 합니다. 얼마 전에는 매가 앉아 있는 것을 보았습니다. 잣나무는 상록수입니다. 늘 푸름을 자랑합니다. 봄에는 새로운 새싹을 돋우므로 연한 빛을 띱니다. 바람이 불면 소나무의 송홧가루가 날리듯이 노란 잣 꽃가루가 창공에 온통 가득합니다. 작년에는 잣 꽃가루 때문에 길이 노랗게 변했습니다. 여름에는 진한 녹색의 잎으로 변합니다. 일정하게 뻗어 있는 잣나무 가지는 집단체조 선수들의 모습처럼 질서정연합니다. 바람이 불어서 수많은 잣나무가 일제히 소리를 낼 때는 영락없는 교향악단의 합주하는 모습과 하늘에 계신 하나님을 향한 찬양 소리입니다. 가을이 되면 오래된 잎은 떨어집니다. 잣 열매는 2년 후에 거두게 됩니다. 잣 방울이 자라고 그 속에 딱딱한 열매가 맺히기 위해서는 2년이라는 세월을 보내야 합니다. 과일나무의 열매는 보통 1년이 주기인데 잣은 오랜 세월의 모진 고통을 인내한 후에 열매를 맺습니다. 잣 열매는 잣나무 모든 가지마다 열리지 않습니다. 나무 중심에 있는 가지 끝에 열립니다. 나무의 크기에 비하면 많이 열리지도 않습니다. 가을에 가장 바쁜 것은 다람쥐와 청설모로 알려져 있는 날다람쥐들입니다. 겨우내 먹을 음식을 장만하기 위해 바쁘게 이 나무 저 나무로 날아다닙니다. 추운 겨울에도 잣나무의 푸름은 변하지 않습니다. 눈이 많이 오는 날이면 다른 나무보다 훨씬 많은 눈을 가지에 품고 있습니다. 하얗게 눈꽃을 피웁니다.

잣나무는 거기에 그대로 늘 서 있지만 하는 일이 무척 많습니다. 잣나무 자신만을 위해 어떤 일을 하는 것을 보지 못했습니다. 보는 이마다 용기와 기쁨을 주고 새들과 다람쥐와 지나가는 나그네들의 휴식처까지 제공해 줍니다. 잣나무가 거기에 서 있는 것만으로도 나에게 큰 힘이 됩니다. 해외에 체류하는 동안 공동체를 생각할 때 가장 많이 생각나는 것이 바로 이 잣나무였습니다. 하나님 앞에서 나의 내면의 모습을 성찰하게 하는 거울과 같은 나무입니다. 그래서 나는 잣나무에게 "그대가 그 자리에 있는 것만으로도 할 일을 다하고 있습니다"라고 칭찬해 주었습니다.

우리는 어떤 일을 성취해야 만족을 누리고 다른 이들로부터 인정받는 것으로 압니다. 그러나 그의 존재가 없어졌을 때는 그냥 있어만 주었으면 하는 마음을 갖습니다. 우리가 주님을 향해서도 마찬가지입니다. 필립 얀시가 쓴 책 가운데『하나님 내 마음이 상할 때 어디 계셨습니까?』라는 책을 읽었습니다. 대부분 우리들은 우리들만을 위한 하나님으로 생각합니다. 그래서 내가 고통당할 때 하나님을 찾고 자기 뜻대로 되지 않으면 하나님을 쉽게 원망하고 하나님을 떠나는 경우도 있습니다. 하나님을 나를 위해 어떤 일을 해 주시는 분으로만 생각합니다. 그것도 매우 구체적이고 적극적인 하나님이면 더욱 좋아합니다.

우리는 고통당할 때 하나님은 단지 그 고통을 구경하시는 분으로 생각합니다. 즉 우리의 고통과 분리되어져 있는 하나님을 생각합니다. 그러나 하나님은 우리의 고통과 분리해 계신 분이 아니라 오히려 우리의 고통 가운데 함께하시는 분이십니다. 주님은 우리와 늘 함께 계십니다. 어떤 일을 해서가 아니라 그냥 함께 계십니다. 그것 자체가 우리의 힘이요 기쁨입니다.

마을에 성경공부를 시작한 한 할머니가 계십니다. 이분은 2년 전에 위암으로 고생하던 남편과 사별했습니다. 이 할머니는 남편이 살아서 꼭 있는 것처럼 느껴진다고 말했습니다. 특별히 밖에 나갔다가 돌아오면 꼭 방에 앉아 있는 것처럼 느낀답니다. 그래서 남편의 소품들을 아직도 벽에 걸어놓고 보곤 한답니다. 남편은 위암으로 고생했고 할머니도 수발드느라 고생했지만 할아버지가 있을 때와 없을 때의 차이가 너무 크다고 합니다. 그래서 그냥 있어만 줘도 좋겠다는 말씀을 하셨습니다.

주님이 우리와 함께하시는 것만으로 만족하고 기뻐할 수 없을까요? 사역, 행동은 그 다음입니다. 우리의 삶의 위치도 마찬가지입니다. 아버지의 위치, 어머니의 위치, 자녀들의 위치, 대통령의 위치, 교회의 위치, 그냥 거기에 있는 것으로 만족합시다. 이것에서 지나친 것은 우리의 욕망과 죄의 씨앗을 뿌리는 결과를 낳을 수 있습니다.

뉴질랜드 한인교회에서 목회하시는 목사님과 사모님을 만나서 이야기를 나누는 가운데 이런 말을 들었습니다.

"목사님이 홍천에 계신다고 하는 사실 하나만으로 큰 위로와 기쁨이 됩니다."

어떤 메시지가 없어도, 어떤 능력이 없어도 여기에 있다는 것만으로 주님의 큰 위로와 능력이 있다는 것을 알게 되었습니다. 이것을 세상 사람들에게 알리고 싶습니다.

"저는 단지 주님 때문에 홍천에 있습니다."

과정이 중요합니다

인적이 드문 산기슭에 있는 큰 바위 위에 벌통을 갖다 놓았습니다. 그곳은 참으로 아늑한 곳입니다. 봄이 되면 분가한 벌들이 제 살집을 구하다가 이렇게 놓아둔 벌통에 들어오곤 합니다. 이렇게 해서 공동체에는 토종 벌통이 세 개가 있습니다. 토종벌에 대한 공부를 좀 하고 있습니다. 토종벌과 양봉은 꿀을 모으는 방법이 다릅니다. 양봉은 철마다 같은 꽃을 따라 다니며 꿀을 채밀하지만 토종벌은 한곳에서 사계절 꽃의 꿀을 모읍니다. 토종꿀 수확은 가을에 합니다. 올해는 하나님이 토종벌들에게 힘을 주셔서 풍성한 꿀을 얻었습니다. 토종꿀 한 숟가락 입에 머금으면 사계절의 꽃들이 한데 어우러져 있는 향기를 음미할 수 있습니다. 이제 토종벌은 저의 친구가 되었습니다. 토종벌 한 마리가 꿀 1kg을 모은다면 얼마나 많은 꽃을 찾아다녀야 할까요? 눈이 휘둥그레지지 마십시오. 약 560만 송이의 꽃을 찾아다녀야 합니다. 여왕벌 한 마리와 소수의 수벌 그리고 수천수만의 일벌로 구성된 벌 1군(群)의 채밀량은 평생 해봐야 고작 13kg 정도입니다. 일벌은 자기 몸길이의 10억 배를 날아다니고 여왕벌은 일벌의 세 배 크기면서 40배나 오래 살고, 매일 1,500–2,000개씩 알을 낳는 일을 평생 동안 합니다. 꿀은 벌이 꽃에서 빨아들인 꽃즙 성분을 전위(前胃)에 저장했다가 벌통으로 돌아와서 다시 토해 낸 것입니다. 벌의 타액에 포함된 효소가 작용해서 꽃 속에 있는 당분이 분해되어 꿀(전화당)로 바꾸어 저장됩니다. 우리가 먹는 꿀병 안에는 꿀벌의 이러한 노동의 과정이 들어 있습니다. 참된 기적은 과정이 있습니다. 과정이 없는 기적은 요행을 바라거나 우상숭배와 같습니다.

사도행전에는 주님의 복음이 어떻게 땅끝까지 전파되었는지를 말씀하고 있습니다. 사도행전은 사도들의 행한 일을 기록해 놓은 책입니다. 사도행전 10–12장을 제외하고는 9장 이후로는 주로 사도 바울에 대한 기록입니다. 그래서 사도행전을 두 부분으로 크게 나눌 수 있습니다. 첫째는 베드로를 포함한 사도들의 행전이고, 두 번째는 바울 행전입니다.

바울 행전은 1차, 2차, 3차 전도여행으로 되어 있습니다. 그것을 기록한 각각의 분량을 보면, 1차 전도여행은 13–15장인 세 장으로 되어 있고, 2차 전도여행은 16, 17, 18장인 두 장 반으로 되어 있고, 3차 전도여행은 19, 20장인 두 장으로 되어 있습니다. 주로 2–3장의 분량으로 기록되어 있습니다. 마지막으로 바울은 죄수의 신분으로 로마에 가게 됩니다. 바울의 호송에 대한 기록은 22-28장, 일곱 장으로 되어 있습니다. 이 분량은 바울이 세 차례에 걸친 전도여행을 모두 합친 것과 같습니다. 이 책의 저자인 누가는 바울이 로마로 가는 여정을 매우 자세하면서도 길게 기록하고 있습니다. 즉 바울이 로마로 어떻게 가게 되었는지, 어떤 경로를 통해서 가게 되었는지에 대해서 자세하게 기록합니다. 그래서 로마로 가는 여정을 이렇게 길게 기록할 필요가 있을까라는 의문이 들 정도입니다. 오히려 로마로 가는 여정은 짧게 기록하고 로마에 도착해서 어떤 일을 했는지에 대해서 더욱 자세하게 기록할 필요가 있지 않았을까 하는 생각을 가져 봅니다.

더 큰 의문은 사도행전 28장에 나와 있듯이 바울이 로마에 도착해서 한 일을 짧고 간단하게 결론을 맺고 있다는 사실입니다. 선교 사역의 측면에서 다른 지역과 비교해 보더라도 로마에서는 큰 성과를 거두지 못한 것처럼 보입니다. 바울이 로마에서 한 일에 대해서는 추상적으로만 알뿐입니다. 사도행전의 첫 부분에서는 성령 세례의 역사로 시작해서 주님의 복음이 그의 능력과 기적으로 뜨겁게 시작했는데 마지막 부분은 좀 싱겁다는 느낌마저 들 정도입니다. 그러나 이것을 통해 우리는 하나님의 의도를 알 수 있습니다. 하나님은 바울이 로마에서 무엇을 했는가보다는 로마에 어떻게 갔는가에 더 관심을 가지고 계신 것을 볼 수 있습니다. 이것을 바울의 동역자 누가가 정확하게 기록했습니다. 누가의 이러한 기록은 하나님의 마음을 그대로 나타냅니다.

마귀는 결과만이 중요하다고 유혹합니다. 그래서 우리로 하여금 과정을 무시하거나 생략하도록 부추깁니다. 거룩한 과정이 없는 결과를 추구하도록 만듭니다. 예수님에 대한 마귀의 시험이 바로 그것입니다. 그래서 비정상적인 방법을 사용하도록 만듭니다. 수단과 방법을 가리지 않고 최고의 결과만을 얻으라고 합니다. 과정과 결과, 모두 소중합니다. 어느 한쪽에 치우쳐서는 안 됩니다. 결과만을 너무 중시하는 이 사회 속에서 과정에 대한 깊은 생각을 가져야 합니다. 과정을 중요시 여기는 자는 하루하루 성실하게 주님의 인도하심을 의지합니다. 현재 당하는 모든 고난을 기쁨과 자원함으로 감당할 수 있습니다. 주님은 그의 제자들에게 십자가를 지고 따르라고 말씀하셨지, 영광의 면류관을 쓰고 앉아 있으라고 하지 않으셨습니다. 주님의 제자들은 거룩한 과정 가운데 있는 자들입니다. 목표를 향해 가는 자들입니다. 푯대를 잡으려고 좇아가는 자들입니다.

공동체 주변 산은 항상 푸른 잣나무로 둘러싸여 있습니다. 잣 열매가 익기 위해서는 사계절을 두 번 거쳐야 합니다. 이런 과정 없이 잣 열매는 결코 얻을 수 없습니다. 이것은 기적입니다. 그러므로 과정이 없는 기적은 없습니다.

고통

한 손에 호미를 들고 다른 한 손에는 콩 씨를 들고 밭으로 향했습니다. 며칠 전에 심어 놓은 옥수수의 싹이 나왔나 확인해 보았습니다. 그런데 새가 옥수수 씨를 다 파먹었습니다. 부리로 정확하게 씨앗만 골라서 먹었습니다. 땅 속에 있는 씨를 어찌 알았을까! 한편으로는 신기하기도 하고 다른 한편으로는 괘씸하기도 했습니다. 옥수수나 콩을 심을 때 비둘기들이 나뭇가지에 가만히 앉아서 가자미눈으로 지켜보다가다 심고 집에 들어가면 그때부터 밭에 내려앉아서 씨앗을 파먹는다고 농부들은 말합니다. 맞는 말 같습니다. 콩을 한참 심고 있는데 교회 신 집사님으로부터 전화가 왔습니다.

"목사님, 바쁘세요?"

"콩을 심고 있습니다."

"목사님, 산삼에 대해서 아세요? 제가 산에 나물을 뜯으러 갔다가 산삼 서른네 뿌리를 캤습니다."

"정말이에요?"

신 집사님은 흥분된 감정을 애써 감추면서 태연한 척 산삼 캔 모든 과정을 들려 주었습니다. 신 집사님은 그동안 고생을 많이 했습니다. 지난 1년 동안은 빚 때문에 교도소에 들어앉아 있었습니다. 이제는 한우를 기르면서 부인과 함께 열심히 살고 있습니다. 부부가 고추밭 고랑을 만들다가 햇볕이 너무 뜨거워서 산에 취나물을 뜯으러 갔습니다. 쉴 겸 자리에 앉았는데 산삼 같은 것이 보여서 가 보았더니 진짜였습니다. 심산유곡에 갔다가 산삼을 발견했습니다. 그곳에서 예상하지 않은 큰 횡재를 해서 하나님께 감사했노라고 격앙된 목소리로 말했습니다.

신 집사님이 산삼을 캤다는 이야기를 듣고 나서 커다란 자루를 어깨에 둘러메고 산으로 올라갔습니다. 취나물이 나오는 계절이었기에 꼭 산삼이라기보다는 취나물을 뜯으러 갔습니다. 취나물을 뜯으면서 산삼도 어디 있나 두리번거렸습니다. '별꼴이지, 산삼이 도라지인줄 알아, 아무데나 있게.' 혼자 중얼거리면서 어슬렁어슬렁 산속을 돌아다녔습니다. 공동체 뒷산 능선 양지쪽에 산소가 하나 있습니다. 산소 주변에는 고사리가 많습니다. 우선 고사리를 꺾기 위해 그리로 갔습니다. 가는 도중에 쓰러져 있는 참나무 옆에 산삼이 보였습니다. '아니, 나에게도 산삼이!' 놀란 가슴을 쓸어내리며 가까이 다가갔습니다. 진짜 잎이 다섯 갈래인 산삼이었습니다. 두렵고 떨리는 마음으로 떨기나무 앞에 서 있던 모세처럼 참나무 앞에 섰습니다. 맨손으로 흙을 조금씩 파헤쳐 나갔습니다. 조심스럽게 흙을 파는데 이상하다는 느낌이 들었습니다. 뿌리의 모양이 산삼이 아니라 그냥 나무뿌리였습니다. 좀 더 캐보니 산삼이 아니라 야생 오가피였습니다. 산삼과 오가피의 잎은 거의 똑같이 생겼습니다. 캐는 것을 중단하고 산을 내려왔습니다.

'산삼인줄 알고 거의 정신을 잃을 뻔했네. 주님께 좀 부끄럽다.'

인간은 정신적이든 육체적이든 고통을 감지할 수 있는 존재입니다. 그리고 인간은 고통을 피하려는 본능을 가지고 있습니다. 우리 영혼은 끊임없이 우리가 사는 세상이 불편해서 탈출하려고 합니다. 그러나 바다의 파도처럼 끊임없이 밀려오는 고통으로부터 완전히 벗어날 수 있는 사람은 아무도 없습니다. 고통은 우리로 하여금 이 땅의 삶에 대해서 진절머리나도록 싫게 만듭니다. 하나님도 고통을 통해 인간이 이 땅에 정들지 못하도록 하십니다. 고통은 인간으로 하여금 이 땅이 아니라 하나님 나라를 갈망하도록 이끕니다. 왜냐하면 이 땅은 인간에게 근원적 만족을 주지 못하기 때문입니다. 이 세상에서는 고통이 실제이고, 하나님 나라에서는 평화와 만족이 실제입니다. 죄로 인해 생겨난 현상이 고통입니다. 하나님은 우리 인간들이 죄로 가득 채워진 이 땅에서 영생하기를 원하지 않습니다. 하나님은 고통을 통해 우리의 영혼을 깊은 곳으로 이끄십니다. 이것은 영혼의 근원을 찾는 것과 같습니다. 시편의 시인도 "내가 깊은 곳에서 주께 불러 아뢰니"라고 합니다. 이 시는 고통 중에 그가 깊은 곳으로 내려가는 경험을 노래하고 있습니다. 거기서 하나님과 그분의 말씀을 만나고 하나님께 부르짖습니다.

“나 곧 내 영혼은 여호와를 기다리며 나는 주의 말씀을 바라는도다”(시 130:5).

고통은 우리로 하여금 자꾸 깊은 곳으로 내려가도록 만듭니다. 만약 고통이 없다면 우리 스스로는 내려가지 않을 것입니다. 깊은 곳은 나 자신의 존재를 발견하고 하나님의 존재를 인식하는 장소입니다. 하나님이 우리에게 고통을 주시는 이유가 바로 여기에 있습니다. 고통은 하나님이 우리를 당신에게로 끌어당기는 사랑의 줄과 같습니다. ‘말씀’은 히브리어로 ‘다바르(dabar)’입니다. 이 단어의 어원은 사물의 밑바닥, 즉 사물 속에 숨어 있는 핵심을 뜻합니다. 하나님의 말씀은 모든 것의 속 깊은 실재요, 이 실재를 관장하며 이 실재 안에 존재하는 하나님의 초월적인 권능입니다. 깊은 곳으로 내려간다는 것은 하나님의 말씀의 실재와 만나는 것입니다. 하나님, 하나님 말씀, 하나님 나라, 이 모든 영적인 것들은 고통이라는 터널을 통과한 후에 얻을 수 있는 것들입니다. 요한계시록에서 말씀하고 있는 새 예루살렘성으로 들어가는 열두 문은 열두 진주로 이루어져 있습니다. 우리가 알듯이 진주는 고통의 결정체입니다. 우리의 고통이 순결하고 영롱한 아름다움으로 변하게 될 것입니다.

고통을 피하려 들면 한도 끝도 없습니다. 고통 속에는 현재보다는 미래에 놀라운 주님의 위로가 감추어져 있습니다.

"피할 수 없는 것은 포옹해 주어야 한다."

셰익스피어(William Shakespeare)의 말입니다. 암탉이 알을 품듯이 고통이라는 포옹 속에서 새 생명은 잉태되지 않을까요? 하나님은 그분의 왕국을 준비하기 위해 우리의 고통을 사용하고 계십니다(살후 1:5, TLB: "God is using your sufferings..."). 고통 안에는 놀라운 하나님 섭리의 비밀이 있습니다.

보상

“홍도야 울지 마라.”

노랫소리가 아직도 귓가에 가득합니다. 지난달 구성포 마을 경로당에서 관광을 갔습니다. 덩치 큰 관광버스는 어르신들을 태우고 꼬부랑길을 따라 한계령을 넘어 천천히 동해 바다를 향해 갔습니다. 앞좌석에 앉아 있던 길 씨 할아버지는 붉어진 눈으로 차창 밖을 내다보면서 한숨 쉬듯 말했습니다.

“이 고개를 언제 다시 넘으려나.”

이번 관광에서 나는 주로 어르신들의 안전을 살피고 심심하지 않게 간식을 나누어 드리는 일을 했습니다.

오색 약수터에 도착했을 때 비가 부슬부슬 내렸습니다.

“바람도 쐴 겸 약수터에 다녀오세요. 차 안에만 앉아 계시지 말고요.”

일으켜 세워보지만 어르신들은 이렇게 말씀하셨습니다.

"작년에 가 봤어."

"모르긴 해도 대여섯 번은 갔다 왔을 걸…."

설렘도 기대도 없는 표정으로 약수터에 갈 생각은 아예 포기하고 버스 안에 꼼짝하지 않고 계셨습니다.

설악산을 빠져 나오는 길목에 벚꽃 잎들이 비바람에 흩날리고 있었습니다. 하늘에 팔랑거리며 흩어지는 벚꽃잎들은 생기발랄했던 꽃다운 청춘은 가고 없는 어르신들의 얼굴처럼 생겼습니다. 속초시립박물관과 아바이 마을도 구경했지만 "옛날에 다 본 거야"라고 하시면서 구경하는 것에 별 흥미를 갖지 않았습니다.

바닷가 횟집에서 점심식사를 하고 난 후에야 뼛속 깊이 있던 흥이 살아나는 듯 얼굴에 미소가 번지기 시작했습니다. 소풍 나온 아이들처럼 해맑은 모습으로 바다를 향해 포즈를 취하고 사진을 찍었습니다. 건어물 시장에는 멸치, 마른 오징어, 젓갈, 쥐포, 보기에도 먹음직스러운 것들이 많이 있었습니다. 어르신들은 집에 두고 온 식구들, 아니면 먼 타향에 있을 자식 생각에 건어물을 한보따리씩 샀습니다.

여행을 떠날 때는 조용히 가시는 듯했지만, 돌아올 때에는 차 안에서 음악에 맞추어서 춤을 추셨습니다. 불편한 무릎과 허리를 가지고 움직이는 버스에 몸의 중심을 잡으려고 안간힘을 쓰는 것 자체가 춤이 되어 버렸습니다. 내가 목사라는 사실을 아는 몇몇 분들은 점잖게 음료수를 권하시다가 약주가 과해지시면서 술을 억지로 권하기 시작했습니다. 할머니들도 나에게 오셔서 술과 안주를 권했습니다. 그러면 미리 준비해 두었던 사이다 혹은 콜라를 드리면서 그것으로 잔을 받았습니다.

"제가 아직 술을 배우지 못해서 못 마십니다. 죄송합니다."

할머니 어르신들은 같이 춤을 추자고 하면서 나를 자리에서 끌어내려고 했습니다. 힘으로 되지 않는 것을 알기에 온갖 아양 떠는 말로 끈질기게 물고 늘어졌습니다. 끝내 나는 "젊은 오빠, 같이 추자!"라는 말에 못이기는 척하면서 관광버스 통로로 나가서 춤을 추었습니다. 내가 농촌에 와서 만들어낸 춤이 있는데 일명 곰춤입니다. 이 춤은 어렵지 않습니다. 단지 춤추고 계신 어르신들 사이를 어슬렁거리면서 다니면 됩니다. 몸을 부대끼면서 좁은 버스 통로의 앞뒤를 왕래하면 꼭 춤을 열심히 추는 것처럼 보입니다. 그러다가 어떤 분과 얼굴을 마주치면 두 손을 곰처럼 들고 "어흥" 소리를 내고 다른 사람에게로 어깨를 들썩이면서 가면 됩니다.

관광버스는 미리 정해진 코스를 따라갑니다. 버스에 태워서 가면 모두 함께 갈 수밖에 없습니다. 어르신들과 함께 관광을 가면 꼭 해야 할 일 중에 하나는 휴게소마다 들려야 합니다. 잠시 쉬어가는 의미도 있지만 화장실 때문입니다. 어르신들은 어디 하나 성하지 않은 몸이기에 온몸을 씰룩씰룩하면서 화장실에 들르시고 진열된 휴게소의 물건들을 보면서 괜히 손으로 만져봅니다. 그러다가 혹시 버스라도 놓칠까 봐 부지런히 오시는 모습을 보면 안쓰럽습니다.

어르신들을 바라보면서 관광버스 기사가 되어 모두를 하나님 나라로 모시고 가고 싶은 마음이 들었습니다. 어느덧 팔십 평생을 살아오신 분들입니다. 농부의 자식으로 태어난 것도, 농촌 총각에게 시집가서 고생고생하며 산 것도, 끝도 없이 자식들을 낳다가 몇을 먼저 보낸 것도, 모두 운명으로 알고 살아왔습니다. 이제는 감정도 꿈도 없는 가운데가 시커멓게 구멍이 난 고목나무 같이 되어 버렸습니다.

한 번은 영생(永生)에 대해서 이야기하다가 무안을 당한 적이 있습니다. "영생이요? 지금까지 살아온 것만 해도 끔찍한데 영원히 산다고요? 됐어요." 어르신들에게는 영생보다는 살아온 삶에 대한 보상이 더 절실합니다. 보상이 없다고 한다면 지금까지 살아온 인생이 너무나 허무합니다. 남몰래 쏟았던 눈물들, 땅을 일구느라고 갈라진 손바닥, 두툼해진 복숭아뼈, 마음껏 뛸 수 없게 된 절뚝거리는 무릎, 희미해진 눈, 조금만 걸어도 거칠어지는 호흡에 대한 보상을 받아야 합니다. 시계추처럼 아침에 일어나서 논밭에 나가고 저녁에 들어와 몸 씻고 밥 먹고 잠자리에 드는 비슷한 삶을 살아왔습니다. 백 년을 꼭 하루처럼 살았습니다. 이렇게 살아온 인생에 대한 보상을 받아야 합니다. 코끝 찡한 마음으로 "그동안 살아온 인생에 대한 보상을 받아야지요. 보상이 없다면 억울하지 않으세요?"라고 속으로 외쳐 보았습니다.

하나님은 보상하시는 분이십니다. 참 잘한 사람, 일등한 사람에게만 상을 주시는 분이 아니라 각자에게 주어진 삶에 대하여 보상해 주시는 분이십니다. 상과 보상은 느낌이 좀 다릅니다. 헬라어에 의하면 경쟁에서 이긴 사람이 받는 상을 브라베이온(βραβεῖον, 고전 9:24; 빌 3:14)이라고 하고, 일한 만큼 받는 품삯을 미스도스(μισθός)라고 합니다. 사람에게 보상을 바라는 것은 잘못이지만 하나님을 향해서는 보상을 간절히 기대해야 합니다.

> "이 작은 이 가운데 하나에게 … 찬물 한 잔이라도 마시게 하는 사람은 … 보상(미스도스, μισθός)을 잃지 않을 것입니다"(마 10:42, 가톨릭신약성서 개정보급판).

> "진정으로 하나님을 바라는 이는 반드시 보상(미스도스, μισθός) 받는다는 것을 믿으십시오"(히 11:6, 현대어성경).

사계, 우주의 하모니

죄악 중에라도

공동체에는 수탉 한 마리와 암탉 세 마리가 있습니다. 닭들은 나름대로 자신들의 존재를 드러내기 위해 있습니다. 이들의 울음소리가 재미있습니다. 암탉은 "꼬꼬댁" 하면서 우는데 이것은 '꼭고대'로 들리는데 주님의 재림을 꼭 고대(苦待)하라는 주님의 음성으로 들리고, 수탉은 "꼭끼옥" 하고 우는데 이것은 주님의 재림을 꼭 기억(記憶)하라는 음성으로 들립니다.

"인생들아, 일어나라."

"베드로를 기억하라."

목숨까지 버리면서 주님을 따르겠다고 굳게 다짐했던 베드로가 죽음을 두려워하여 세 번이나 주님을 부인했습니다. 베드로가 주님을 세 번째 부인한 순간 베드로의 심장에 천둥벼락같은 충격을 준 소리는 다름 아닌 우리 공동체에 있는 '피터'의 조상 수탉이었습니다. 베드로의 반역은 주님에 의해 예견된 것입니다. 베드로는 그것을 미리 주님께로부터 들었음에도 불구하고 악역을 맡은 배우가 각본에 나와 있는 대사를 낭독하듯이 부인하고 말았습니다. 미리 아셨던 주님이 베드로의 입을 막고 그것을 말하지 않도록 하실 수 있었는데도 주님은 그냥 묵인하셨습니다. 베드로는 후회와 번뇌로 밖에 나가서 심히 통곡했습니다(마 26:75). 성경에서 믿음의 사람들이 죄를 짓고 난 후에 매우 고통스러워하는 것을 봅니다. 다윗의 경우가 그렇습니다. 다윗은 간음죄, 살인죄, 은닉죄 등을 범했습니다. 그것으로 인해 다윗의 영혼의 아픔은 이루 말할 수 없었습니다.

하나님은 죄악을 미워하시지만 인간 죄악의 행위 가운데 존재하시는 분이십니다.

"하나님께서는 그들을 부끄러운 정욕대로 살게 버려 두셨습니다"(롬 1:26, 현대인의 성경).

"사람들이 하나님을 알려고 하지 않으므로 하나님께서도 그들이 부패한 마음으로 악한 일을 하도록 내버려 두셨습니다"(롬 1:28, 현대인의 성경).

우리는 매순간 죄의 환경과 의식 속에 살아갑니다. 죄가 행동으로 나타나기까지는 절제를 통해서 어느 정도 제어가 가능하지만 생각으로 짓는 죄는 거의 멈출 수 없습니다. 육신의 정욕, 안목의 정욕, 이생의 자랑은 떠나지 않고 끈질기게 붙어 다닙니다. 하나님이 왜 이런 것들을 허락하시는 것일까요? "나는 그리스도인이기 때문에 죄를 짓지 않는다"고 말할 수 있습니까? 하나님은 우리가 죄악 중에 있을 때 어디에 계시고 어떤 일을 하고 계실까요? 환상 중에 베드로는 보자기가 하늘에서부터 내려오는 것을 보았습니다. 그 안에는 부정한 짐승들이 들어 있었습니다. 하나님은 그것을 깨끗하게 하였기 때문에 베드로에게 잡아먹으라고 하셨습니다. 원래는 부정한 것이었지만 하나님은 그것을 깨끗한 것으로 만드셨습니다.

믿음의 사람들에게 일어나는 의문 중에 하나는 하나님을 믿는 사람이 어떻게 죄를 지을 수 있느냐는 것입니다. 그러나 성도임에도 불구하고 죄를 지을 수 있습니다. 이것은 모두 하나님의 섭리와 허락 속에 이루어집니다. 진정한 믿음의 사람이라면 죄를 범한 후에 자신을 질책하고 연약한 자신을 발견하고 주님 앞에 굴복하는 계기로 삼아야 합니다. 하나님은 범죄함 속에서 그것을 통해 그의 자녀들을 더욱 믿음의 사람으로 정화시켜 가는 일을 하십니다. 범죄는 우리의 눈을 가려 우리가 행한 선행을 보지 못하게 하고 자신의 죄악을 보게 함으로써 우리를 더욱 낮아지게 만듭니다. 만약 이것이 없다면 우리들 대부분은 스스로 자신을 높여 하나님이 예비하신 하나님의 선물을 모두 허비하고 무가치하게 취급할 것입니다. 우리가 죄악 중에라도 잊지 말아야 할 것은 하나님이 바로 그 자리에 함께 계시면서 우리를 정화시키는 일을 하신다는 것입니다.

내 짧은 농사 경험으로 볼 때 거름 중에 닭똥이 최고입니다. 닭똥 거름은 역한 냄새가 나고 흉측하게 생겼지만 풍성한 열매를 맺는데 사용됩니다. 우리가 닭똥 자체를 먹을 수 없습니다. 닭똥이 거름으로 식물에 영양분이 되는 과정을 지나면서 맛있고 풍성한 열매를 얻게 됩니다. 우리는 죄악을 철저히 미워해야 하지만 동시에 그 속에서 행하시는 하나님의 섭리는 깨달아야 합니다. 죄를 지을 때 하나님은 그 현장에 얼씬도 하지 않을 것이라고 오해하지 마십시오. 바로 그 현장에 계십니다. 거대한 자연재해의 현장에도, 전쟁의 현장에도, 학대 받는 어린이들 속에도, 나의 은밀한 죄악의 생각과 행위 속에도 계십니다. 우리가 항상 하나님의 현존의 보좌 앞에 나아가야 하겠지만 특별히 우리의 죄악 가운데 현존하시는 하나님께 더욱 더 속히 나가야 합니다. 그러면 하나님은 우리의 연약함을 아시고 사랑하시어 우리를 도와주시고 정화시켜 주시고 하나님의 사람으로 만들어 가실 것입니다.

자기학대로 오는 은밀한 죄악

도심리(道心理) 마을은 35여 가구가 모여 사는 평화로운 곳입니다. 도심리 마을 이름은 '마음의 길이 있는 마을'이라는 뜻입니다. 마음의 길은 길 되신 우리 주님이십니다. 작은 산들이 병풍처럼 둘러싸여 있기에 밤이 되면 시커먼 산은 배경이 되고, 하늘은 은은한 스크린이 되고, 그 속에서 빛나는 별은 신비한 우주의 세계로 한없이 여행을 떠나게 만듭니다. 마을 우측 맨 끝자락에는 '무래리 골(霧來)'이 있습니다. '안개가 오는 골짜기'라는 뜻입니다. 그 골짜기에 갈릴리선교공동체가 있습니다.

공동체로 올라오는 길 중간에 논농사를 주로 하시는 박 씨 할아버지가 계셨습니다. 그런데 얼마 전에 술과 함께 농약을 먹고 자살했습니다. 이 할아버지는 마을의 토박이 중에 한 분이셨습니다. 숨진 할아버지의 죽음으로 인해 슬픔에 잠겨 있는 할머니를 위로하기 위해 시신이 안치되어 있는 병원에 갔습니다. 할머니는 의외로 담담하셨지만 할아버지에 대해 말씀하실 때는 눈물과 함께 통곡하셨습니다.

"평생 농사밖에 모르고 고생만 했어요. 자기가 손해 보면 보았지 다른 사람에게 조금도 피해를 주지 않았는데…."

지난 몇 년간 할아버지를 알고 지냈습니다. 웃을 때의 모습은 꼭 어린 아이의 얼굴입니다. 그 분은 순수하시고 농사밖에 모르는 분이셨습니다. 새벽부터 저녁 늦게까지 밭과 논에서 일만 하시면서 살았습니다.

'이런 할아버지가 자살하다니, 다른 사람에게 조금도 피해를 주지 않고 사셨다는 할아버지가 왜 자살했을까?'

내 마음속에 계속 의문이 일어났습니다. 대부분 우리들은 자신이 다른 사람보다 어느 정도 낫다고 심중으로 여깁니다. 그러나 이것은 자신을 잘 몰라서 그런 것입니다. 자신의 내면을 볼 수만 있다면 죄악과 욕망으로 가득 찬 모습을 인정할 수밖에 없습니다. 우리가 주님의 자녀 혹은 제자임에도 불구하고 짓는 심각한 죄악들이 있습니다. 이런 죄악들은 다른 사람들에게는 알려지지 않고 자신만 알고 있는 것들입니다. 그래서 자신들의 죄로 인해 혼자 불안해하고 괴로워합니다. 이것은 곧 자기학대로 나타납니다. 왜냐하면 자신이 이 모든 죄의 고통을 혼자 감당해야 하기 때문입니다. 이것은 한국 사람들에게 독특하게 나타나는 화병(火病)입니다.

다른 사람을 괴롭히고 고통을 주는 것은 죄라고 생각하면서 자기 자신에게 고통을 주는 것은 죄가 아닌 것처럼 생각합니다. 이런 생각은 자신 속에서 심각하면서도 은밀한 죄악을 만들어냅니다. 더 나아가서 다른 사람의 범죄에 대해서는 분노하지만 자신이 짓는 죄에 대해서는 관대합니다. 죄의 결과로 죽음이 오는 것처럼 죄는 반드시 고통이 따르게 됩니다. 죄를 품고 있다는 것 자체가 고통입니 다. 우리에게 가장 은밀한 곳은 바로 마음입니다. 죄를 마음에 품는다면 우리는 가장 은밀한 곳에서 죄를 짓는 것입니다. 주님도 율법에 의한 죄를 책망하시기보다는 은밀한 곳, 마음의 죄를 책망하셨습니다. 우리의 은밀한 곳인 마음은 죄의 활동 장소, 혹은 죄의 저장 창고가 아니라 하나님이 현존하시는 은혜의 장소가 되어야 합니다.

주님은 "너희 원수를 사랑하며 너희를 박해하는 자를 위하여 기도하라"(마 5:44)고 말씀하셨습니다. 우리는 우리의 원수를 외부에서 찾기 때문에 이 계명을 거의 지키지 못합니다. 그러나 가장 큰 원수는 누구입니까? 바로 자신입니다. 사도 바울도 이것 때문에 괴로워합니다. 더욱 정확히 말한다면 내 안에 있는 거짓된 자아가 원수입니다. 나의 거짓된 자아는 상처받은 자아이기에 하나님을 향하여 옳게 반응하지 못할 뿐만 아니라 자기학대로 이어지게 됩니다. 상처와 학대를 받은 거짓 자아는 다시 자기를 공격합니다. 이것은 계속해서 악순환을 낳습니다. 이제 우리는 상처받은 거짓 자아를 사랑해야 합니다. 피 흘리며 고통스러워하는 나의 거짓 자아를 주님의 긍휼의 마음으로 바라보아야 합니다. 자기만이 자신을 진정으로 사랑할 수 있습니다. 나의 원수인 거짓 자아는 다른 사람이 아닌 바로 내가 사랑해야 합니다. 이제 우리는 그동안 은밀하게 죄를 지으면서 고통을 주었던 우리의 자아에게 용서를 구해야 합니다. 우리의 자아를 우리 자신이 사랑하지 않는다면 어느 누구도 사랑할 수 없습니다. 당신의 자아를 사랑하라! 여기에서부터 은밀히 짓는 죄로부터 떠나게 되고 하나님과 친밀한 연합을 이루게 됩니다. 이것은 곧 우리 외부의 원수를 사랑할 수 있게 할 것입니다. 네 이웃을 네 몸과 같이 사랑하라는 말씀도 이웃보다는 먼저 우리 자신에 대한 사랑이 전제된 것입니다. 자신을 사랑하지 않고 어떻게 이웃을 사랑할 수 있을까요? 자기를 사랑한다는 것은 결코 이기적인 사랑을 말하려는 것이 아닙니다. 마음에 상처를 가지고 있는 사람은 다른 사람에게 상처를 줄 수밖에 없는 것처럼 자기를 학대하고 미워하는 자는 다른 사람에 대해서도 똑같은 행동을 하게 됩니다. 자기가 짓는 죄에 대해 관대할수록 더욱더 자기학대로 이어지게 하는 은밀한 죄악을 증식시킵니다.

자기 영혼을 소중히 여길 줄 아는 자만이 다른 사람을 소중히 여길 수 있습니다. 죄로 인해 당하는 고통을 자신이 감수하려고 할 때 그 영혼은 엄청난 고통을 받게 됩니다. 겉으로는 죄가 없는 것처럼 보이지만 그 영혼은 죄로 인해 점점 피폐하여 죽어 갑니다. 하나님은 때로 우리에게 은밀한 죄악을 허용하셔서 우리의 수치를 드러내시기도 하고, 이것을 은혜의 통로로 사용하시기도 합니다.

"오소서, 진리의 성령님! 은밀한 죄악을 드러내시고 거짓된 자아를 치유하소서!"

자기(自己)를 넘어

오래 전 일입니다. 어느 교회에서 저녁 철야기도회 때 선교 간증을 할 기회가 있었습니다. 단기선교 갔던 경험을 열정적으로 증거했습니다. 성도들도 모두 진지하게 듣는 듯해서 더욱 힘 있게 간증했습니다. 그런데 한 집사님이 예배실 뒤쪽에서 조심스럽게 앞으로 나와서 메모지를 전해 주었습니다. 무슨 내용인가 하고 곁눈질로 봤더니, "이제 그만 끝내세요"라는 것이었습니다. 그때 받은 충격은 아직도 잊히지 않습니다.

가끔 경험하는 것이지만 설교할 때도 마찬가지입니다. 설교를 하는 나 자신은 은혜가 되어 흥분하기도 하고, 때로는 감동의 눈물을 스스로 흘리면서 말씀을 증거하지만 청중들의 반응은 전혀 말씀과 관계가 없는 것을 느끼곤 합니다. 그래서 속으로 '설교자 자신인 나도 은혜를 받는데 저들은 왜 은혜를 받지 못하는 것일까?' 반문할 때가 있습니다. 이것은 하나님 말씀의 능력과 감동이 나에게까지는 왔지만 그들에게까지는 다다르지 않았다는 것을 의미합니다. 결국 설교는 나 자신만을 감동시키는 차원에 머물러 버린 것입니다. 그러고는 자신은 은혜를 받았기에 모든 청중이 은혜를 받은 줄 착각하고 스스로 큰 기쁨을 누립니다.

이것을 성령의 활동 차원에서 본다면 성령의 흐름을 나 자신까지만 허용하고 다른 곳으로 흘러가는 것을 나 자신이 막은 것입니 다. 아마 이것은 베드로의 변화산에서의 경험과 비슷할 것입니다. 베드로가 말한 "여기가 좋사오니"라는 표현은 자신에게 안주하려는 생각에서 나온 것입니다. 자신은 은혜를 받고 신비한 것을 경험했지만 그것을 더 이상 다른 곳으로 빼앗기기 싫은 것입니다. 성령의 역사와 말씀의 능력이 베드로의 영혼을 깨웠지만 거기에 머무는 바람에 더 이상 하나님 말씀의 능력이 확장되지 못했습니다. 성령의 은사는 하나님이 주신 선물입니다. 선물을 다른 사람과 함께 나눌 때 더 넓게 확장됩니다. 그러나 영적 경험자들 중에는 자신의 특별한 영적 경험을 자신의 것만으로 제한시킵니다.

아브라함은 하나님의 부르심을 받고 오랫동안 하나님과 교제해 왔습니다. 그러나 그는 자신의 한계를 알았기 때문에 자기를 제한하는 삶을 살았습니다. 특별히 아들에 관한 한 늘 자신이 없었습니다. 하나님은 이미 아브라함에게 아들에 대한 약속을 주셨지만 자신의 상속자를 엘리에셀로 여겼습니다(창 15:2). 이스마엘을 낳았습니다(창 16:11).

하나님이 아들에 대한 약속을 다시금 하자 아브라함은 코웃음을 쳤습니다(창 17:17). 히브리어로 '웃다'는 '조소하다'라는 뜻도 있습니다. 아브라함은 하나님의 약속을 받았지만 이미 자기 자신을 스스로 제한하는 것을 볼 수 있습니다. 그러나 그의 하나님과의 교제는 계속되었습니다. 그러던 아브라함에게 하나님은 밤하늘의 별을 보여 주시면서 스스로 제한하고 있는 것을 넘어서라고 말씀하셨습니다. 그것은 바로 별을 보는 것입니다. 아브라함의 목표를 자기 자신에게 두지 말고 외부에 두라는 말씀입니다. 우리는 목표를 자기 자신에 둠으로써 하나님의 은혜를 제한할 때가 많습니다. 목표를 자신에게 두는 것은 곧 자기만족에 빠지게 됩니다. 자기만족은 자기를 제한할 뿐만 아니라 하나님을 제한합니다. 이와 같은 사람은 한 달란트를 땅에 묻어 둔 자와 같습니다.

우리의 의식이 자기를 넘어서야 합니다. 우리 삶의 목표가 우리 자신이 되어서는 안 됩니다. 은혜로 구원받은 우리는 타자를 위한 존재가 되어야 하고, 궁극적으로는 하나님을 위한 존재가 되어야 합니다. 우리 삶의 목표가 하나님을 기쁘시게 하는 것이라면 우리들 자신의 담을 넘어서야 합니다. 요셉의 무성한 나뭇가지가 담을 넘음같이…(창 49:22). 이것이 예수 그리스도의 삶이요 그의 제자들의 삶입니다.

인간 조건

공동체에 개 세 마리가 있습니다. 그중에 한 마리는 선글라스를 끼고 있는 것 같은 눈을 가졌기 때문에 '선글라스'라는 이름을 우리 아이들이 붙여 주었습니다. '선글라스'가 집을 나간 지 이틀 만에 돌아왔습니다. 공동체 주변이 산으로 둘러싸여 있기 때문에 아마 산을 헤매고 돌아다니다가 온 모양입니다. 그래서 회초리로 "왜 집은 안 지키고 나돌아 다녀?"라고 야단치면서 때려 준 적이 있습니다. 다 때리고 나서 아픈 마음이 생겼고 '내가 너무한 것이 아닌가?' 하는 생각이 들었습니다. 내 주변에 사람만 있어도 그렇게 화를 내면서 행동하지 않았을 것입니다. 주위에는 아무도 없었지만 하나님은 계셨는데…. 하나님에 대한 현존 의식은 없었습니다. 이것이 나의 감정을 절제하지 못하게 만들었습니다.

하나님의 현존에서 떠난 인간은 죄를 범하게 되어 있고, 그 결과는 하나님의 현존에서 점점 멀어지게 만듭니다. 이것을 지금 우리 그리스인들에게 적용한다면 하나님의 현존 의식 결여가 범죄를 낳게 합니다. 대부분 범죄는 은밀하게 이루어집니다. 사람을 의식한다면 죄를 범하지 않지만 사람이 의식되지 않는 곳에서는 얼마든지 죄를 짓습니다. 죄를 범한 아담에게 하나님은 "네가 어디 있느냐?"(창 3:9)라고 질문하십니다. 하나님은 아담이 어디 있는지 몰라서 질문한 것이 아닙니다. 하나님은 아담이 나무 뒤에 숨어 있는 사실을 알면서도 질문하셨습니다. 그러므로 이것은 육체적인 위치에 대한 질문이 아니라 영적인 위치에 대한 질문입니다. 이 질문은 하나님의 현존에서 떠난 아담의 실존의 위치에 대한 질문입니다. 이 질문에 대해 아담은 정확한 대답을 하지 못하고 계속해서 변명합니다. 하나님을 떠난 인간은 더 이상 스스로 자신과 하나님의 존재에 대해서 알 수 없게 되었습니다. 이것을 인간 조건 혹은 원죄라고 합니다.

성 어거스틴은 원죄에 대해서 다음과 같이 설명했습니다.

"원죄는 세 가지 결과를 가져왔다. 첫째는 우리가 어디에서 행복을 찾아야 하는지 모르는 무지함이고, 둘째는 잘못된 곳에서 행복을 찾고 있는 탐욕이고, 셋째는 비록 행복이 찾아지는 곳을 알면서도 그것을 추구하지 못하는 나약함이다."

이러한 원죄의 결과로 인해 형성된 인간의 마음이 거짓 자아입니다. 이것을 사도 바울은 옛사람, 육체에 속한 사람이라고 했습니다. 인간 안에 형성된 거짓 자아는 잘못된 행복을 추구합니다. 예수님이 마귀에게 시험을 받으신 것을 바탕으로 한다면 심리학자 칼 융(Carl Gustav Jung)이 주장한 것처럼 인간이 가지고 있는 거짓 자아의 기본적인 욕구는 다음의 세 가지라고 볼 수 있습니다.

생존과 안전에 대한 욕구, 힘과 통제에 대한 욕구, 애정과 존중에 대한 욕구입니다. 이것을 성취하면 행복할 것이라고 마귀는 우리의 거짓 자아 속에서 예수님을 시험한 것처럼 유혹합니다. 마태복음 4장에서는 예수님이 마귀에게 시험받지만 승리하신 장면이 나오고, 5-7장에서는 주님의 산상수훈이 나옵니다. 어떤 사람은 주님의 이 산상수훈은 지상에서 도저히 지킬 수 없고 천국에서나 적용되는 것이라고 합니다. 천국에 해당하는 말씀을 주님이 이 땅에서 살아가는 우리들에게 주셨다는 것은 더욱 이상한 해석입니다. 오히려 마귀가 인간의 기본적인 욕구들을 통해 준 시험을 이긴 자만이 주님처럼 산상수훈을 선포하고 지킬 수 있다는 것을 말씀하려는 것으로 보아야 합니다.

죄란 하나님을 떠난 것입니다. 하나님을 주인으로 모시기를 거부하는 것이 죄입니다. 우리는 두 주인을 섬길 수 없습니다. 하나님이 우리에게 심어 주신 본성(벧후 1:4)인 참 자아를 거부하고 자신의 거짓 자아에 따라 사는 것이 죄입니다. 우리의 자아를 마귀가 자기 집으로 삼을 수 있고 하나님도 성전으로 삼을 수 있습니다(마 12:44). 마태복음 12장에 나오는 집이 비고 소제되고 수리되었다는 것은 마귀가 거처하기에 알맞게 된 것을 의미합니다. 하나님의 성령이 머물도록 하지 못하게 한 것입니다. 우리는 비우는 것이 아니라 성령으로 채워야 합니다.

이런 의미에서 볼 때, 묵상 기도는 정화 과정과 같습니다. 묵상 기도를 통해 위에 열거한 인간의 세 가지 본능적인 욕구를 버림으로써 주님의 제자가 말씀대로 살 수 있게 합니다. 여기에 하나님의 절대 은총이 있어야 합니다. 죄를 지은 인간을 먼저 찾아 나선 분은 하나님이십니다. 우리의 구원도 하나님의 은총이고, 하나님께로 나아갈 수 있는 것도 하나님의 은총에 의해 이루어집니다. 하나님은 아담이 어디 숨어 있는지 알고 계셨습니다. 하나님은 아담과 관계를 회복하기를 원하셨고 다시금 하나님과 연합하기를 원하셨습니다. 예수 그리스도는 이러한 인간 조건에서 우리를 해방하기 위해서 오셨고 인간 조건 때문에 죽으셨습니다. 우리도 인간 조건을 십자가에 그리스도와 함께 못 박아야 합니다. 그래야 그리스도와 함께 부활할 수 있습니다. 그리고 우리는 그리스도와 함께 하나님의 현존 가운데 하나님을 기쁘시게 하는 삶을 살 수 있습니다.

옛날을 기억하라

하나님의 존재에 대해서 의심이 생긴다면 지나간 날들을 돌아보십시오. 첫 번째 탄성은 '내 뜻대로 된 것이 없구나!'일 것입니다. 하나님은 인간들에게 엄청난 내적 에너지를 주셨습니다. 온 세계를 통치하라고 해도 할 수 있을 것 같고, 심지어는 온 우주를 가슴에 품고 별들 사이를 여행할 수 있으며 언젠가는 태양의 표면에 갈 수 있을 것이라는 꿈도 가집니다. 인간의 내적 세계는 거의 하나님 수준에 도달해 있습니다.

"하나님은 독재자야."
"왜 자기만 믿으라는 거야."
"다른 종교는 인정하지 말라고 하잖아."

같은 동네에 사는 샛골 김 씨 아저씨와 기독교의 진리에 대해서 대화를 하던 중 그가 한 말입니다. 미간을 찡그리며 열변을 토하는 것 때문에 가끔 침이 내 얼굴에 튀었습니다. 그의 얼굴에는 '내가 만약 하나님이라면 지금보다 이 세상을 더 잘 살게 할 수 있다'라고 쓰여 있는 듯했습니다.

인간은 죄로 인해 모든 선한 내적 기능을 잃어버렸습니다. 가장 심각한 것은 자신의 상태를 스스로 진단할 수 없을 뿐만 아니라 하나님을 감지할 수 없게 된 것입니다. 이런 인간들에게 하나님은 당신을 알 수 있는 몇 개의 통로를 주셨습니다. 그중 하나가 시간입니다. 시간은 인간이 누리고 있는 필수 환경입니다. 특별히 과거가 소중합니다. 과거를 돌아보면 부정적이고 어두운 추억들 때문에 일부러 기억하려고 하지 않습니다.

그러나 인간적인 관점이 아닌 하나님의 관점에서 과거를 보면 하나님을 볼 수 있습니다. 우리는 하나님의 말씀인 성경을 통해서 하나님의 실존을 고백합니다. 수천 년 전에 하나님의 사람들에 의해 기록된 성경은 우리에게 분명히 과거의 기록입니다. 이런 과거의 기록이 현재 우리들에게 어떤 의미가 있습니까? 과거의 하나님은 단지 기록에 머물러 계신 분이 아니라 역사를 주관하셨던 하나님이십니다. 이 하나님은 현존하시는 분이십니다. 하나님의 과거는 우리의 현재가 됩니다.

모세가 시내산에서 빨리 내려오지 않는 것을 보고 이스라엘 백성들은 그의 형 아론에게 요구합니다.

“우리를 위하여 우리를 인도할 신을 만들라”(출 32:1).

당시의 백성들은 과거에 그들을 인도하셨던 하나님은 잊어버리고 미래에 대한 두려움으로 금송아지 우상을 만들고 결국 하나님을 버립니다.

그 사건 후에 모세는 하나님을 만나는 신비한 경험을 합니다. 하나님은 모세를 반석 틈에 두시고 손으로 그를 덮으시고 지나가십니다. 모세는 하나님이 지나가고 난 후에 하나님의 등을 봅니다.

“네가 내 등을 볼 것이요 얼굴은 보지 못하리라”(출 33:23).

얼굴을 보지 못한다는 의미는 다가오시는 하나님의 모습과 모세 앞에 나타난 하나님의 모습을 보지 못한다는 것입니다. 이것을 시간적으로 표현한다면 미래와 현재의 모습입니다. 등을 본다는 의미는 지나가고 난 후에 하나님의 행적을 통해서 하나님을 보는 것을 의미합니다. 시간적으로는 과거입니다. 등을 보면서 모세는 고백했을 것입니다. “하나님이시구나!” 모세가 하나님의 얼굴이 아닌 등을 보았다는 것은 하나님에 대한 어떤 열등한 상태를 보았다는 것을 말하려는 것이 아니라 현존하시는 하나님을 표현한 것입니다. 하나님은 구름 기둥과 불기둥으로 이스라엘 민족 앞에 행하셨습니다. 이스라엘 백성은 하나님의 등을 보면서 이제까지 왔습니다.

구약성경의 신명기에는 '기억하라'의 책이라고 불릴 정도로 이 단어가 많이 나옵니다. 신명기 32장 7절에는 "옛날을 기억하라"고 말씀하십니다. 옛날을 기억해야 하는 가장 중요한 이유는 현존하시는 하나님을 인정하기 위한 것입니다.

영어로 '역사'를 재미있게 설명하는 것을 우리는 압니다. "History=His+Story", '역사'란 그의 이야기, 즉 하나님의 이야기입니다. 그러므로 개인의 과거와 세계 역사를 진지하게 돌아보는 사람은 현재의 하나님의 존재를 인정할 수밖에 없습니다. 인류 역사는 하나님의 존재를 증명하는 기록이기 때문입니다.

하나님의 과거는 우리의 현재가 됩니다. 우리는 과거를 확실히 알 수 있습니다. 이미 경험했기 때문입니다. 현재와 미래는 우리에게 불확실합니다. 왜냐하면 이것들은 하나님께 속한 것이기 때문입니다. 미래에 대한 불확실성은 인간들로 하여금 불안하게 만들고 하나님의 존재를 의심하게 만듭니다. 그러나 하나님의 과거를 통해 우리는 현존하시는 하나님을 볼 수 있습니다. 이것은 모세가 과거에 해당하는 하나님의 등과 현존하시는 하나님을 동시에 본 것과 같습니다. 많은 주님의 형제자매들의 간증에서 알 수 있는 것은 그들의 고통의 시간 속에서는 깨닫지 못하다가 나중에 삶을 뒤돌아보면서 하나님의 인도하셨음을 고백합니다.

현재를 통해서 하나님의 존재를 인식하기란 쉽지 않지만, 지나간 과거를 통해서는 하나님의 존재와 인도하심을 분명히 알 수 있습니다.

과거를 돌아보면 우리에게는 수많은 선택의 순간이 있었습니다. 원하든 원하지 않던 우리 안에 결정된 것들은 모두 하나님이 행하신 것입니다. 세계 역사를 주관하시는 하나님이 우리 각 개인의 삶도 주관하십니다. 옛날을 기억하십시오. 하나님의 등을 보십시오. 그리고 고백합시다.

"과연 하나님은 현존하십니다."

여전히 존재하시는 하나님

"하나님이 나와 함께 계신 것을 어떻게 알 수 있을까요?"

공동체를 방문하시는 분들로부터 가장 많이 듣게 되는 질문입니다. 이 질문을 다음과 같이 바꿔 말할 수 있을 것입니다.

"하나님이 저와 함께하고 계신 것을 제가 어떻게 알 수 있을까요?"

우리는 어떤 것이 존재한다고 말할 때 우리의 이성과 감각에 의해 결정합니다. 즉 자기 중심에서 다른 대상들을 객관화시켜서 그 존재를 인식합니다. 그래서 어떤 것은 사람에 따라 존재하기도 하고 존재하지 않기도 합니다. 존재하는지에 대한 결정을 자기중심적 인식에서 내립니다. 그러나 이 세상에 있는 모든 것들을 우리의 인식 여부에 따라서 그 존재의 유무를 결정할 수 없습니다. 특별히 하나님의 존재에 대한 것도 마찬가지입니다. 자기중심적인 인식 때문에 어떤 때는 하나님이 계신 것 같고, 어떤 때는 안 계신 것 같은 현상이 일어납니다.

하나님은 우리들의 이성과 감각 기관에 의해 인식할 수 있는 존재가 아닙니다. 만약 우리가 볼 수 있고 만질 수 있는 대상으로 하나님의 존재를 찾는다면 어디에서도 하나님을 찾을 수 없을 것입니다. 우리의 감각 기관에 의해 알 수 있는 하나님이라면 인간보다 못한 존재임이 분명하고 그것은 바로 우상입니다. 우리가 가지고 있는 이성적 사고와 감각은 분명한 한계를 가지고 있습니다. 하나님은 우리에게 이성을 통해서 모든 것을 알 수 있도록 하지 않으셨습니다. 하나님의 지혜와 지식의 부요(풍성)함은 인간이 측량할 수 없기 때문입니다(롬 11:33).

나와 너, 나와 세상, 나와 하나님처럼 나 중심적인 관점에서 다른 대상을 객체로 보려고 할 때 우리는 하나님의 존재를 파악할 수 없습니다. 다시 말해서, 주관과 객관의 대립에서 오는 인식에 의한 존재 양식으로 하나님은 존재하지 않으십니다. 오히려 이러한 주관과 객관의 대립으로 파생된 인식 구조에서 벗어날 때 비로소 하나님의 존재를 알 수 있습니다. 나 중심에서 나온 하나님 존재 인식이 아닌 하나님 중심에서 나온 하나님 존재 인식이 있어야 합니다. 이것은 꼭 엄마 품에 있는 갓난아기와 같습니다. 아기는 엄마에 대한 이성적 이해는 없지만 엄마에 대해서 분명히 인식하고 있습니다.

하나님은 우리에 의해서 혹은 어떤 것에 의해서 존재하고 존재하지 않는 분이 아니십니다. 하나님은 스스로 존재하시는 분입니다(출 3:14). 하나님의 존재는 독립적입니다. 하나님은 시간을 초월해서 존재하시고, 공간을 초월해서 존재하시고, 모든 존재로부터 독립하셔서 스스로 존재하시는 분이십니다. 또한 하나님은 모든 것들을 존재하게 할 뿐만 아니라 그 존재를 지탱하시는 분이십니다.

"만물이 주에게서 나오고 주로 말미암고 주에게로 돌아감이라"(롬 11:36).

하나님은 애굽에서 노예 생활을 하는 히브리인들에게 그의 이름을 계시해 주셨습니다. 그것은 스스로 존재한다는 의미를 가지고 있는 '여호와'라는 이름입니다. 여기에서 여호와라는 이름이 갖는 특별한 의미에 대해서 출애굽기 6장 3절과 레위기 11장 45절에서 말씀하십니다.

"내가 아브라함과 이삭과 야곱에게 전능의 하나님으로 나타났으나 나의 이름을 여호와로는 그들에게 알리지 아니하였고"(출 6:3).

"나는 너희의 하나님이 되려고 너희를 애굽 땅에서 인도하여 낸 여호와라"(레 11:45).

이 말씀을 요약한다면 하나님은 여호와라는 이름을 애굽에서 구원해 내신 이스라엘 백성들에게 먼저 주셨고 구원받은 이스라엘 백성들만이 비로소 여호와라는 하나님의 이름을 부를 수 있게 되었습니다.

창세기는 애굽 사람들 혹은 가나안 부족들이 믿을 수 없는 책입니다. 창세기는 오로지 구원받은 이스라엘 백성들만이 읽고 믿을 수 있는 책입니다. 출애굽기가 없는 창세기는 의미가 없습니다. 이것은 예수 그리스도로 인해 죄에서 구원받은 우리가 예수의 이름을 부르고 주의 말씀을 믿고 따를 수 있는 것과 같습니다. 출애굽기의 하나님은 스스로 존재하는 여호와 하나님을 그의 백성들에게 계시해 주신 것이고, 창세기는 스스로 존재하시는 여호와께서 모든 만물을 존재하게 하신 하나님으로 계시하고 있습니다. 존재하시는 하나님을 믿을 때 존재하게 하시는 하나님을 믿을 수 있습니다.

히브리인들은 약 400년 간 애굽에서 노예의 삶을 살았습니다. 그들에게 '전능하신 하나님'이라는 이름은 큰 의미가 없습니다. 노예의 삶을 살고 있는 그들에게는 아마도 애굽의 바로왕이 더 전능자처럼 여겨졌을 것입니다. 하나님께서 모세에게 여호와라는 이름을 이스라엘 백성들에게 주신 가장 큰 이유는 고통스러운 노예의 삶 속에서 그들과 함께 존재하고 계신 하나님을 계시해 주신 것입니다. 지금 이스라엘 백성들에게는 과거에 능력 많으신 하나님은 의미가 없고 그들과 함께 하시는 하나님이 필요합니다.

이스라엘 백성들이 출애굽하고 난 후에 그들 속에 존재하면서 그들을 위해 놀라운 기적을 베푸신 전능하신 여호와 하나님을 보고 믿게 되었습니다. 그 다음 그들은 비로소 창세기에 나타난 하나님의 큰 능력을 믿게 되었습니다. 스스로 존재하시는 하나님은 만물들과 인간들, 눈에 보이는 것들과 보이지 않는 것들을 존재하게 하시는 분이시라는 것을 믿게 되었습니다.

하나님은 말씀으로 천지를 창조하셨습니다. 무에서 유를 만들어내시는 분은 오직 여호와 하나님 외에는 없습니다. 스스로 존재하시는 분만이 모든 것을 존재하게 하실 수 있다는 것을 말씀하는 것입니다. "빛이 있으라"는 말씀은 새로운 존재를 창조하시는 하나님의 선포입니다. 하나님이 이스라엘 백성들을 인도하여 낸 이유는 바로 그들의 여호와가 되기 위해서였습니다. 하나님의 존재에 대한 인식은 하나님의 구원과 함께 이루어집니다. 하나님의 구원은 절대적인 그의 은총입니다. 그러므로 하나님 존재에 대한 인식은 하나님의 절대 은총 속에서 가능합니다. 하나님의 절대 은총 속에서는 주관과 객관의 대립관계가 사라집니다. 나 중심적인 존재 양식도 사라집니다. 오직 하나님의 은총 속에서 하나님의 현존 의식만이 남습니다.

만물 존재의 근원은 하나님이십니다. 그러므로 모든 존재는 존재의 근원이신 하나님 안에서만 인식할 수 있습니다. 우리의 존재도 하나님에 의해서 이루어졌습니다. 우리 안에서 참된 존재로의 변화도 존재를 창조하시는 하나님 안에서만 가능합니다. 존재하는 것 자체가 신비한 이유는 바로 그 존재의 근원이 하나님이시기 때문입니다. "하나님께서 지으신 모든 것이 선하매"(딤전 4:4). 이것은 하나님의 성품을 말씀합니다. 하나님이 지으신 모든 존재들 속에는 하나님의 선하심이 나타나 있습니다. 그래서 존재하는 모든 것들은 합력하여 선을 이루게 됩니다(롬 8:28).

하나님은 만유보다 크신 분입니다. 시간과 공간과 우리의 이성적 사고와 감각들을 초월해서 존재하시는 분이 하나님이십니다. 하나님의 현존을 고백하는 순간에도 존재하지만 하나님의 현존을 고백하지 않을지라도 존재하시는 분이 하나님이십니다. 성 어거스틴(St. Augustine)의 고백입니다.

"하나님이 내 안에 계시는데 밖에서 찾아 헤매었나이다."

하나님이 없는 줄 알고 찾아 헤매고 다니던 어거스틴이 깨달은 것은 바로 자기 속에 현존해 계신 하나님을 발견한 것입니다. 야곱도 동일한 고백을 합니다.

"여호와께서 과연 여기 계시거늘 내가 알지 못하였도다"(창 28:16).

"하나님이 과연 계실까?"라고 의심하는 순간에도 하나님은 우리와 함께 현존하십니다.

미친한 나의 선교론

강원도 홍천, 도심리라는 마을에 온지도 어언 7년째입니다. '7년 동안 무엇을 했나?' 자신에게 물어보면 부끄럽기 짝이 없습니다. 그래도 주님이 행하신 일들이 있기에 7년을 정리하면서 미친한 선교론을 말하려고 합니다.

도심리 마을에 처음 왔을 때 사람들이 반상회로 모였습니다. 그때 마을 사람들이 첫 번째로 요구한 말을 아직도 잊을 수가 없습니다.

"집집마다 다니면서 예수 믿으라고 말하지 마시오."

"남은 바빠 죽겠는데 불러 세워놓고 30분을 이야기하는데 아주 질렸수."

아주 단단히 다짐해 놓겠다는 자세로 으름장을 놓으면서 눈에 불을 켜고 이구동성으로 말하던 마을 사람들을 아직도 기억하고 있습니다. 그래서 그때 마을 분들을 안심시키면서 큰 소리로 말했습니다.

"알았습니다. 집집마다 다니면서 예수 믿으라고 말하지 않겠습니다."

그러나 속으로는 혼잣말로 하나님과 약속했습니다.

'하나님, 제가 말로 복음을 전하지 않겠습니다. 예수의 사랑을 몸의 언어인 실천과 행동으로 전하겠습니다.'

기독교와 교회에 대한 부정적인 감정이 산골 구석까지 퍼져 있는 것을 알 수 있었습니다. 도심리 마을에 들어간 가장 큰 이유는 선교공동체를 세우기 위한 것이었습니다. 지금도 이 사역은 계속되고 있습니다. 그러나 샤머니즘과 불교로 혼합된 의식을 가지고 있는 이 마을에 대한 영적 부담은 점점 커질 뿐만 아니라 어떤 위기감마저 들었습니다. 그래서 미전도된 이 지역에 다가가는 방법을 입술의 언어가 아니라 삶의 언어로 하기로 했습니다. 주일 날 오전에는 공동체에서 예배드리고 점심식사 후 오후에는 각 가정을 차례로 심방하기 시작했습니다. 공동체에서는 이것을 '지역 섬김 예배'라고 했습니다. 노령화된 한국 농촌은 일할 것들로 가득 차 있습니다.

봄에는 감자와 고추를 심어 주고, 여름에는 풀을 뽑고, 가을에는 추수하는 것 도와드리고, 겨울에는 따뜻한 방에 앉아서 함께 대화를 나누기도 했습니다. 때로는 농사일뿐만 아니라 우물 펌프도 고쳐 주고, TV도 고쳐 드리고, 병원에 입원하면 음료수 한 병 사들고 심방 가서 기도도 해 드렸습니다. 이러면서도 전도할 목적으로 "예수 믿으세요"라고 말하지는 않았습니다. 매년 크리스마스 전날 밤에는 공동체 식구들이 가정마다 돌면서 성탄 찬양을 부르고 선물도 준비해서 드렸습니다. 작은 선물이지만 너무 기뻐하고 감격하는 것을 보았습니다. 신 씨 아주머니는 방문할 때마다 봉지 커피를 타 주면서 자랑하듯 말합니다.

"목사님, 이 커피 수저는 목사님이 크리스마스 때 선물로 주신 거예요. 커피 마실 때마다 목사님을 생각해요."

마을 사람들은 이제 나에게 당연한 듯 말합니다.

"목사님, 내년에는 목사님이 꼭 이 마을에 반장이 되세요."

이 말이 내 마음을 기쁘게 하는 것은 반장이 되기 때문이 아니라 마을 사람들이 나를 인정하고 받아 주었다는 것을 뜻하기 때문입니다. 서로에 대한 신뢰가 생기기 시작한 것입니다.

작년에 이 씨 아저씨의 칠순 잔치에 간 적이 있습니다. 그곳에서 대화를 나누는 가운데 아저씨가 이렇게 말했습니다.

"목사님, 우리 동네도 낮에는 열심히 일하고 저녁에는 모여서 기도하고 예배도 드렸으면 좋겠어요."

내가 해야 할 말을 지금 동네 어른이 하고 있었습니다. 속으로 너무 기뻐서 하나님께 감사드렸습니다. 이제는 이곳에 주님의 교회가 세워질 때가 되었다는 확신이 생겼습니다. 그래서 올 7월에 도심리 마을에 '도심리교회'가 시작되었고, 첫 예배를 드렸습니다. 지금은 10여 분이 모여 예배를 드립니다.

선교에 있어서 삶은 두말할 나위 없이 중요합니다. 예수 그리스도께서 하늘의 영광과 왕의 보좌를 버리고 이 땅에 오셔서 인간이 되셨고 인간의 문화 속에 살면서 하나님 나라 복음을 전파하셨습니다. 세상 사람들은 예수 그리스도를 부정하거나 성경을 부정하지 않습니다. 그것을 믿고 있는 그리스도인의 삶을 문제 삼습니다. 그들은 성경을 읽지 않습니다. 다만 성경을 믿고 있는 그리스도인의 삶을 통해 성경을 봅니다. 선교지에 가 보면 대부분 선교사님들이 도시에 집중되어 있습니다. 여기에는 선교 전략적 측면도 있고, 다른 많은 사정도 있을 것입니다. 그러나 우리가 선교를 논하면서 주님의 선교, 인카네이션 선교를 말하면 말할수록 현재 우리의 선교 모습에 대한 큰 갈증을 느낍니다.

도심리교회가 세워지는 과정을 통해서 얻은 저의 미천한 선교 이론은 복음을 전해야 할 그곳의 영혼들과 얼마나 예수의 삶을 밀접하게 나누었느냐에 의해 하나님 나라 선교는 이루어진다고 믿습니다. 이것은 또한 미전도 선교 전략에서 가장 중요한 부분이라고 생각합니다. 얼마나 많은 선교 이론들이 있습니까? 그러나 삶을 통한 선교는 "당신은 그곳에 가서 사십시오"로 시작합니다. 여기에는 우리의 큰 희생을 필요로 합니다. 선교를 너무 이론적이고 어렵게 만들지 말고 뜨거운 예수의 사랑을 가슴에 품고 현지인 속으로 들어가 살면서 예수의 삶을 나눈다면 주님의 나라는 교회를 통해 그곳에 이루어지게 될 것입니다. 도심리교회는 이러한 몸부림의 작은 열매입니다.

미래적 현재, 과거적 현재

우리는 현재라는 시간 속에 살고 있습니다. 현재라는 시간은 우리가 붙잡거나 보관할 수 없습니다. 현재의 순간은 있는 듯하다 없어지고 없어지는 듯 하다가도 생겨납니다. 우리가 현재라는 시간을 인식하는 순간 그것은 과거가 될 뿐만 아니라 미래라는 시간에 의해 삼켜집니다. 그러므로 '우리는 현재에 살고 있다'라고 표현하는 것은 시간에 대한 좁은 의미에서 바라보는 것입니다. 우리의 존재는 과거적 현재와 미래적 현재에 있다는 표현이 더 나을 것입니다. 현재는 과거와 미래가 함께 통합되어짐 속에서 존재합니다.

예수 그리스도는 "어제나 오늘이나 영원토록 동일하시니라"(히 13:8)고 말씀하십니다. 예수 그리스도는 과거, 현재, 미래에 동일하신 분이십니다. 예수님이 "나는 알파와 오메가요 처음과 마지막이요 시작과 마침이라"(계 22:13)고 하셨는데, 이 표현은 시간적 의미에서 본다면 예수님은 과거, 현재, 미래의 시간이 그 안에서 동시적으로 존재함을 뜻합니다. 예수 그리스도는 자신의 공생애 사역 역시도 이런 관점에서 보았습니다. 예수 그리스도는 구약성경의 예언을 성취하기 위해서 의도적으로 행하신 것을 자주 볼 수 있는데 이것은 과거의 예언의 말씀을 현재화시킨 것입니다. 또한 예수 그리스도는 제자들에게 십자가의 죽으심을 자주 강조하셨는데 이것은 미래를 현재화시킨 것입니다. 예수 그리스도 안에서 시간은 과거, 현재, 미래의 통합 속에서 그 속성을 드러내었습니다.

전도서 저자인 솔로몬이 그의 인생을 다 살고 난 후 결국 깨달은 것은 "이미 있던 것이 후에 다시 있겠고 이미 한 일을 후에 다시 할지라 해 아래에는 새 것이 없나니"(전 1:9)입니다. 현재 있는 것은 과거에 있었던 것이고 미래에도 있을 것입니다. 해 아래에서는 새롭고 특별한 것은 없습니다. 우리는 어제가 가고 오늘이라는 새로운 날을 맞이한다고 생각하거나 올해가 가면 내년이 온다고 생각해서 새해라고 합니다. 그러나 이런 표현은 모두 현재라는 시간을 기준으로 했기 때문에 생긴 것입니다.

새로운 것이라고 말하는 것은 시간이라는 기준을 두고 하는 말입니다. 그러나 전도서의 기준에 의하면 새것은 없습니다. 그러므로 우리의 삶의 기준을 시간에 둘 것이 아니라 하나님 경외에 두어야 합니다(전 12:13). 하나님 경외란, 현존하시는 하나님에 대한 태도입니다. 시간에 대한 관심보다는 현존하시는 하나님을 경외하고 하나님과 동행

해야 합니다. 시간에 의하면, 모든 것이 지나가고 낡아져 없어지는 것으로 생각합니다. 그러나 하나님의 현존이라는 관점에서 본다면, 존재하는 것은 영원하고 새롭고 신비한 것입니다. 왜냐하면 모든 존재에는 하나님의 현존이 있기 때문입니다. 하나님의 현존에는 하나님의 섭리, 하나님의 목적이 반드시 있습니다.

복음서를 읽다 보면 예수님과 제자들의 대화 속에서 서로 커뮤니케이션이 잘 이루어지지 않는 것을 볼 수 있습니다. "내가 하는 것을 네가 지금은 알지 못하나 이 후에는 알리라"(요 13:7). 특별히 예수님은 가룟 유다를 다루시면서, 미래에 가룟 유다에게 일어날 일을 보면서 상대하셨습니다. 이것이 예수 그리스도의 미래의 현재화입니다. 현재에 일어나고 있는 현상을 현재라는 시간의 관점으로는 이해할 수 없지만 미래라는 시간을 오버랩(overlap)할 때 온전히 이해할 수 있습니다. 우리의 갈등은 과거에 집착할 때 생기고 우리의 불안과 욕망은 미래에 집착할 때 생깁니다.

우리의 과거를 돌아본다면 우리 자신의 계획대로 이루어진 일보다는 그렇지 않은 일이 더 많은 것을 알 수 있습니다. 우리의 미래도 마찬가지입니다. 우리가 완전한 확신 속에서 행할 수 있는 미래는 없습니다. 즉 우리가 마음대로 할 수 있는 시간이 없다는 사실을 알고 고백할 수밖에 없습니다.

"사람이 마음으로 자기의 길을 계획할지라도 그의 걸음을 인도하시는 이는 여호와시니라"(잠 16:9).

이러한 사고에서 생겨날 수 있는 시간관은 과거, 현재, 미래의 통합된 시간관입니다. 시간은 나에 의해서가 아니라 어떤 타자에 의해 이루어지는 것입니다. 이 타자가 바로 하나님이십니다. 절대 타자이신 하나님은 우리의 시간을 주관하시는 분이십니다. 그러므로 시간 사용에 있어서 우리는 오직 하나님을 의뢰할 수밖에 없습니다.

여기에서 생기는 것이 바로 하나님의 현존 의식입니다. 이것은 놀라운 것입니다. 우리가 시간 중심적 사고에서 떠날 때 우리는 하나님의 현존 속에 있게 되고, 하나님의 현존 속에서 하나님과 하나 됨을 경험하게 됩니다. 하나님의 현존 의식은 나에 의해서가 아니라 과거, 현재, 미래라는 통합된 시간 속에 있는 나의 삶의 환경을 주관하시는 하나님에 의해 이루어집니다. 과거를 현재에 오버랩(overlap)해서 현재를 사는 사람과 미래를 현재에 오버랩(overlap)해서 현재를 사는 사람은 오직 하나님의 절대 주권을 인정하고 하나님의 섭리에 절대 순종합니다. 그러면 자연히 자기부인이 일어나고 절대 안식이 우리에게 찾아옵니다.

퀘이커 전통의 현대 신비주의자이며 심층 심리가인 토마스 R. 켈리(Thomas R. Kelly)는 "세상적인 시간은 순간적이며 찰나적이지만 하나님의 현존 안에 머물 때 찰나적인 시간은 영원으로 확장된다"라고 했는데 이것을 '영원한 현재'라고 표현했습니다. 구약성경을 기록한 히브리어에는 현재시제가 없습니다. 실제로 우리에게 현재시제는 없습니다. 과거와 미래만 있을 뿐입니다. 현재는 오직 하나님의 시간입니다. 영원한 현재라는 표현은 하나님의 임재 가운데만 존재합니다.

몇 해 전, 캄보디아에서 말씀 묵상 세미나가 열렸습니다. 캄보디아로 출발하기 3일 전부터 감기 증상이 나타나더니 가기 전날 밤에는 몸살로 몹시 고통을 겪었습니다. 이불 속에서 열과 싸우면서 하나님께 기도 겸 탄식을 드렸습니다.

"하나님, 저는 내일이면 캄보디아로 가야 합니다. 이런 상태로 어떻게 갈 수 있겠습니까? 낫게 해 주십시오. 하나님, 제가 죄인이라고 말씀하시면 저는 인정하지 않을 수 없습니다. 저는 죄인입니다. 불쌍히 여기소서."

그때 주님이 저에게 주신 음성은 다음과 같습니다. 첫째는 주님이 캄보디아 영혼들을 향하여 고통하고 있는 것을 보여 주시면서 그 고통을 함께 경험하라는 것이었고, 둘째는 나의 몸살감기는 캄보디아에 가면 나을 것이라는 것입니다. 여기서는 아무리 치료해도 낫지 않고 오직 캄보디아에 가야 나을 수 있다는 것입니다. 이런 주님의 음성 때문에 감기약 한 알도 먹지 않고 캄보디아로 갔습니다. 식사를 제대로 하지 못해서 힘이 없었습니다. 이런 중에도 저에게 있는 큰 확신은 캄보디아에 가면 된다는 미래적 시간이 있었습니다. 주님이 주신 미래를 현재화시켰을 때 현재의 모든 상황은 재해석되었습니다.

우리의 이름은 하나님 나라 생명책에 분명하게 기록되어져 있습니다(계 3:5). 생명책에 우리의 이름이 기록된 것은 예수를 믿음으로 말미암아 된 과거의 일일뿐만 아니라 현재에도 기록되어져 있고 앞으로 하나님 나라에 가서 확실히 알게 될 미래의 일입니다. 우리는 하나님 나라의 시민이요 주님의 자녀들입니다. 현재를 살아가면서 미래의 우리 모습을 본다면 우리는 하나님의 현존과 그의 주관하심으로 말미암아 자기를 포기하고 감사와 기쁨으로 오늘 하루도 살 수 있을 것입니다. 하나님의 임재가 우리에게 임하면 현재의 찰라가 미래적 영원으로 변화되고 과거적 영원으로 변화될 것입니다. 우리는 하나님의 임재로 그 안에서 영원 전부터 영원까지 사는 존재가 됩니다. 더 이상 우리는 시간에 묶여 있는 존재가 아니라 현존하시는 하나님과 함께함으로 이 세상 시간의 한계를 넘어선 존재들입니다. 하나님의 존재 표현이 바로 우리의 존재 표현이 됩니다.

긍정의 힘을 경계하며

'믿음이란 무엇인가?'에 대한 정의를 내리기란 쉽지 않습니다. 믿음의 형제자매들에게 믿음의 정의에 대해 물어보면 의외로 대답을 잘 못합니다. 숙고한 끝에 그들이 내리는 정의의 대부분을 다음과 같이 요약할 수 있습니다. 긍정적이거나 적극적인 사고방식, 아니면 자기 확신입니다. 이것은 어찌 보면 당연한 결과라고 생각합니다. 왜냐하면 성경에서 믿음에 대한 정의를 분명하게 내린 곳이 없기 때문입니다.

"믿음은 바라는 것들의 실상이요"(히 11:1)라는 말씀을 통해 알 수 있는 것은 '믿음이란 단지 바라는 것이다'라고 볼 수 있습니다. 이 말씀에 의하면, 어떤 결과에 관계없이 주님을 바라보는 것이 믿음입니다. 믿음이란 믿음으로 인한 어떤 기적을 바라보는 것이 아니라 믿음의 역사를 일으키시는 주님을 바라보는 것입니다. 이것에 대해 히브리서 12장 2절 말씀에서는 "믿음의 주요 또 온전하게 하시는 이인 예수를 바라보자"라고 말씀하셨고, 공동번역에서는 이 말씀을 "우리의 믿음의 근원이시며 완성자이신 예수만을 바라봅시다."(the author and perfecter of faith, 영어 성경 NASV)라고 했습니다. 우리 믿음의 근원은 예수님이시고 또 이 믿음의 역사를 진행하면서 완성시킬 수 있는 분도 예수님이라고 말씀합니다. 사도 베드로도 성도들을 가리켜 예수 그리스도와 하나님으로부터 보배로운 믿음을 받은 자들이라고 표현하고 있습니다(벧후 1:1). 우리의 믿음은 예수 그리스도와 하나님으로부터 받은 것입니다. 그러므로 우리는 "믿음이란 무엇인가?"라는 정의를 내리기보다는 오히려 믿음의 근원에 대해서 더 많은 관심을 가져야 합니다. 믿음은 우리 주님으로부터 시작해서 주님에 의해 진행되고 주님에 의해 완성됩니다. 우리의 전 존재가 주님의 것인 것처럼 우리의 믿음도 우리의 것이 아니라 주님의 것입니다.

'긍정의 힘'이라는 말이 요즘 세상에서 크게 힘을 얻고 있습니다. 이것으로 인해 세계적으로 유명하게 된 미국의 한 목회자의 설교를 들어 보면 그의 설교에는 "더 높이", "더 좋게", "더 아름답게", "더 잘"이라는 표현으로 가득 채워져 있습니다. 그의 설교의 대부분은 긍정적인 생각을 가지면 지금보다 미래가 더 나아질 것이라는 내용을 담고 있으며 하나님의 말씀은 살짝 뿌려지는 양념처럼 사용합니다.

하나님의 섭리 가운데에는 바꿀 수 없는 것들이 많습니다. 예수님도 하나님의 섭리 앞에서는 순종하셨습니다. 겟세마네 동산에서 고난의 잔인 십자가를 피하게 해달라고 하나님께 기도하셨지만 곧 순종으로 돌아서셨습니다. 주님이 십자가를 지심은 변할 수 없는 하나님의 섭리입니다. 사도 바울이 그의 몸의 가시를 제거하는 것과 모세가 가나안 땅에 들어가는 것도 하나님은 허락하지 않으셨습니다. '나는 더 잘할 수 있다'라고 생각하면서 어떤 일을 더 해보려고 하기보다는 오히려 하나님의 섭리 앞에 잠잠히 순종하고 받아들이는 것이 믿음의 큰 능력입니다. 하나님이 우리에게 "네게 족하다"고 말씀하시면 어찌하겠습니까!

'긍정의 힘'이 위험한 이유는 이것이 광명의 천사와 같이 위장해서 우리들에게 나타나기 때문입니다. 이것은 꼭 사막에서 신기루를 쫓아가는 것과 같습니다. 이것은 하나님 중심이 아닌 인간 중심으로 몰아가기 때문에 결국 빠져나올 수 없는 깊은 수렁으로 빠져 들어갑니다. 믿음의 중심은 우리 인간이 아니라 우리 주님입니다. 우리의 믿음은 주님 안에서만이 가능하고 의미가 있습니다. 그러므로 우리는 믿음을 말할 때 믿음으로 어떤 기적을 나타낼 것을 기대하기 전에 믿음의 근원이신 주님과 연합하는 것에 더 큰 관심을 가져야 합니다.

마을에 혼자 사시는 신 씨 할머니 댁을 방문했다가 TV가 망가진 것을 보고 중고 TV를 구해 드렸습니다. 전에 있던 고장난 TV를 치우고 새로운 중고 TV를 연결해 드렸습니다. 그랬더니 화면이 깨끗하게 잘 나왔습니다. 할머니는 고맙다는 인사를 몇 번이나 하는지 모릅니다. 다시 방문했을 때에도 할머니는 나에게 고맙다는 말을 계속하면서 어린아이처럼 좋아하며 말했습니다.

“목사님, 외국에 잘 다녀오셨어요?”

“TV 켤 때마다 목사님을 생각해요.”

“TV에서 다른 나라에 대해서 나올 때면 혹시 목사님이 나오지 않나 하고 보았습니다.”

변변치 않은 물건 주고 너무 큰 감사의 말을 들으니 미안하기 그지 없었습니다. 중고 TV에도 감사의 마음을 가득 담아서 좋아하는 모습은 꼭 천사와 같았습니다.

‘긍정의 힘’에 유익한 면도 분명히 있습니다. 그러나 경계해야 합니다. 우리의 중심이 하나님으로부터 멀어지게 하는 모든 것은 사탄의 역사입니다. 우리에게서 감사의 마음을 빼앗아간다면 그것은 우리 주님으로부터 온 것이 아닙니다. 오히려 주님 앞에 잠잠히 침묵합시다. 그리고 한없는 감사와 순종을 하나님께 드립시다. 두 주먹 불끈 쥐고 일어서기 전에 하나님을 가슴에 품읍시다. 그리고 지금 하나님을 예배합시다.

하나님의 임재와 무의식

요즘 나 자신에 대한 놀라운 사실을 발견했습니다. 그것은 혼자 있을 때, 유난히 신경질적으로 변하는 것입니다. 이것을 결정적으로 알게 된 것은 며칠 전에 닭과의 싸움이었습니다. 낫으로 풀을 베다가도 내 힘과 뜻대로 되지 않을 때가 있습니다. 칡과 같은 넝쿨 식물이 있으면 자연히 작업이 힘들어지고 지연될 수밖에 없습니다. 그때도 어김없이 신경질적인 나의 모습을 발견하게 됩니다.

'기도의 집'을 건축할 때 생긴 일이었습니다. 벽에 못을 박다가 망치로 엄지손가락을 힘 있게 내리쳤습니다. 얼마나 아프고 화가 났든지 망치를 집어 던져버리면서 내 입에서는 거의 욕이 나올 뻔했습니다. 그리고 큰 소리로 지금도 기억할 수 없는 내용을 외쳤습니다. 지금도 엄지손톱은 망치에 맞은 자국으로 시커멓게 멍들어 있습니다. 손톱의 피멍을 바라보면서 나 자신에게 질문했습니다.

"그때 내가 누구에게 화를 냈지?"

"망치에게 화를 냈을까?"

"못에게 화를 냈을까?"

"아니면 나 자신에게 화를 냈을까?"

그 어느 것도 아니었습니다. 염치없게도 나는 분명히 하나님께 화를 냈습니다. 나는 속으로 '하나님, 제가 하나님의 집을 짓고 있는 중입니다. 도와주셔야죠?'라고 하나님을 원망했습니다.

공동체를 방문한 형제를 차로 모시고 온 적이 있습니다. 그 형제는 감동어린 목소리로 나에게 말했습니다.

"목사님은 운전을 굉장히 차분하고 편안하게 하시네요."

그 말을 듣는 순간 나의 가슴이 얼마나 떨렸던지, 어린 시절 구멍가게에서 친구들하고 껌 훔치다가 들킨 사람처럼 아무 대답도 하지 못했습니다. 혼자 운전할 때, 나의 운전 태도는 완전히 달라집니다. 때로 난폭하기도 하고, 교통법규도 위반하고, 교통순경이 봤으면 불안해할 정도로 운전할 때가 많습니다.

그러나 다른 사람이 나와 함께 있으면 태도가 달라집니다. 특별히 처음 만난 사람 앞에서는 나의 모든 절제력이 동원되고 가장 거룩한 모습으로 변해 있는 나 자신을 쉽게 발견합니다. 여기에 나의 끊임없는 영성의 갈등과 몸부림이 있습니다. 금방 후회할 말과 행동을 하고는 하나님 앞에 용서를 구합니다. 하루에도 아니 한 시간을 사이에 두고 수많은 죄의 생각들이 나를 지배합니다. 거룩한 종교개혁을 수행했던 루터에게도 이런 갈등이 있었습니다. 그는 이런 자신을 다음과 같이 표현했습니다.

"나는 일주일 이상 그리스도로부터 완전히 떠난 적이 있었다."
"하나님에 대해 절망한 나머지 불경스러운 말도 서슴없이 내뱉었다."

우리가 의식적으로 하나님을 알면 얼마나 알 수 있을까요? 솔직히 나의 하루 생활 가운데 의식적으로 하나님의 임재를 경험하고 임재를 고백하는 순간은 매우 짧은 순간입니다. 하나님의 임재를 의식적으로 의식할 수 있는 시간들은 대부분 아침 새벽기도 시간, 점심 중보기도 시간, 저녁 집회 시간, 식사 시간 등입니다. 그러나 이런 시간들도 내가 얼마나 하나님의 임재 가운데 있으며 하나님이 기뻐하시는 시간들로 보내고 있는가라는 질문에는 자신이 없습니다. 어떤 때는 이런 시간들을 통해 하나님의 임재를 경험하기 위해 최선을 다합니다. 그래서 큰 소리로 찬양과 기도를 드리기도 하고 거룩하게 짜인 예식을 통해 시도하기도 합니다. 그러나 노력만큼 효과가 없을 때가 많이 있습니다.

하나님의 임재를 위해 우리들은 좋은 설교자, 은혜로운 찬양 인도자, 능력 있는 은사자들을 기대합니다. 하나님의 임재를 꼭 사람들이 만들어내는 것과 같은 느낌을 받습니다. 부흥회 집회 광고에 하나님의 임재를 시켜줄 수 있는 것처럼 나와 있는 것들도 얼마나 많이 있는지요?

"성령의 임재하심을 경험할 수 있습니다."

"성령의 비둘기가 날아다니는 것을 볼 수 있을 것입니다."

우리의 찬양 가사에도 하나님의 임재를 실제적으로 표현하는 내용들이 점점 많아지는 것 같습니다.

"주님 내 맘 깊이 만지셨네."

"나는 믿음으로 주 얼굴 보리라."

"날마다 주님의 숨결을 느끼며 살아요."

찬양의 가사만큼 얼마나 많은 주님의 성도들이 하나님의 임재를 경험하고 있는지 모르겠습니다. 주님의 얼굴을 본 자가 얼마나 되며, 날마다 주님의 숨결을 느끼며 사는 자가 얼마나 될까요? 우리는 혹시 이런 신앙의 단계를 향해 끊임없이 시도하고 있지는 않는지요. 노력하다가 안 되면 중간에 포기하지는 않는지요.

바울은 골로새서 3장 2절에서 "위의 것을 생각하고 땅의 것을 생각지 말라"고 권면합니다. 고린도후서 4장 18장에서는 "보이는 것은 잠깐이요 보이지 않는 것은 영원함이라"고 말씀합니다. 이것은 우리의 영성 기준을 말씀하고 있습니다. 우리의 영성 기준은 인간이 의식할 수 있는 땅의 것과 보이는 것이 아니라 의식할 수 없고 우리의 지혜와 한계를 넘어선 하늘의 것과 보이지 않는 것에 두어야 합니다. 우리의 영성 중심점이 바뀌어야 합니다. 교회 중심 혹은 예배 중심, 심지어는 교회 담임목사님 중심적인 신앙생활을 현대 교회가 강조합니다. 그런데 내가 그동안 교회를 섬기면서 느낀 것은 이러한 표현은 교회 건물 중심, 예배 시간 중심, 목회자라는 사람 중심적인 신앙생활이라는 것으로 사용되고 있음을 부인할 수 없습니다.

"우리가 의식할 수 없는 상황에서는 하나님이 임재하지 않습니까?"라는 질문에 우리는 대답해야 합니다. 주부가 콩나물 씻으면서, 자동차 수리공이 기름 때 묻은 장갑을 끼고 나사를 조이면서, 조간신문 돌리고 우유를 배달하는 시간에 하나님의 임재는 없는 것입니까? 하루 업무를 시작하기 위해 열리는 회의에서, 주일 사역으로 인해 월요일에 피곤한 육체를 쉬고 있는 목회자들에게는 하나님의 임재가 없는 것입니까?

예수 그리스도는 공생애 기간 동안에 하나님과 늘 함께하셨습니다. 하나님 아버지가 주님 안에 계셨고, 주님이 하나님 아버지 안에 계시는 하나 됨 속에 사셨습니다. 주님은 안식일을 어떻게 지키셨을까요? 성경에 나와 있는 주님께서 안식일에 하신 일은 크게 세 가지라고 볼 수 있습니다. 첫째는 병자를 고치시고, 둘째는 귀신들린 자들을 자유롭게 하고, 셋째는 회당에서 가르치신 일입니다. 밀 이삭을 먹은 것은 제자들이 한 일입니다.

그런데 이런 주님의 사역은 평일에 하신 일과 전혀 다를 바 없습니다. 주님은 안식일이든 평일이든 동일하게 사셨습니다. 우리 주님은 평일에도 하나님의 임재 속에 계셨습니다. 예배의 관점에서 본다면 평일은 영적인 무의식 세계라고 편의상 부르고 싶습니다. 무의식적인 세계를 어떻게 우리 주님의 임재로 충만하게 할 수 있을까요? 이것이 전인적 우리의 영성의 핵심입니다. 이것을 위해 나 자신도 몸부림치고 있습니다.

『하나님의 임재 연습』이라는 경건서적을 쓴 로렌스 형제(Brother Lawrence)는 부엌 설거지를 하면서, 구두를 수선하면서, 기도하면서 하나님의 임재를 동일하게 경험했습니다. 그가 터득한 하나님의 임재의 가장 효과적인 방법은 단순히 자신의 평범한 일상사를 수행하는 것이었습니다. 수도원의 수도사들은 '스타티오(statio)'라고 부르는 훈련을 합니다. 다른 무언가를 시작하기 전에 기존의 하던 일을 잠시 멈춥니다. 한 가지 직무에서 다른 직무로 서둘러 넘어가지 않고 잠시 멈춤으로 두 일 사이의 공백을 인식하면서 하나님의 임재와 그분의 은혜를 감지할 수 있는 좋은 기회를 가집니다.

우리에게 있어서 무의식 세계의 가장 대표적인 것이 있다고 하면 잠자는 시간입니다. 잠자는 시간과 우리의 영성이 얼마나 밀접한 관련을 가지고 있을까요? 놀라운 사실은 성경에 잠자는 동안 하나님이 꿈과 환상을 통해 수많은 말씀을 하셨습니다. 야곱의 꿈, 요셉의 꿈, 다니엘의 꿈, 베드로의 꿈 등 이루 말할 수 없을 정도입니다. 우리가 잠자는 동안 하나님은 얼마나 놀라운 일들을 행하시고 계십니까! 우리는 하나님을 의식할 수 없을 때에라도 하나님은 우리와 함께 계셔서 어떤 일을 이루어 가신 것을 보게 됩니다. 하나님의 임재는 우리가 의식적으로 찾아가는 것이 아닙니다. 경험하려고 힘을 써도 발견할 수 없는 것이 하나님의 임재입니다.

믿음에 대한 필립 얀시(Philip Yancey)의 말을 들어보십시오.

> "믿음은 거의 기대하지 않았던 곳에서 자라나고, 당연히 왕성할 것이라고 여겨지는 곳에서 약화된다."

하나님의 임재도 마찬가지입니다. 하나님은 내가 전혀 예상하지 않았는데 그의 임재를 나에게 드러내실 때가 있습니다. 이제 우리는 하나님의 임재의 영역을 넓혀야 합니다. 우리가 의식할 수 있을 때에만 하나님이 살아 계셔서 함께하시는 것으로만 인식하지 말고 우리가 의식할 수 없는 세계와 순간에도 하나님의 임재를 믿어야 합니다. 예배 시간에 하나님의 은혜를 경험하지 못하는 가장 큰 이유는 우리의 삶에 문제가 있기 때문입니다. 우리의 무의식 영적 세계에서 하나님의 임재를 경험하도록 해야 의식적 영적 세계인 예배 시간에 하나님의 은혜와 그의 임재를 경험하게 됩니다.

무의식이 의식을 지배합니다. 무의식의 세계는 더 크고 놀랍고 방대합니다. 무의식의 세계를 개척해야 합니다. 그리고 무의식의 세계를 하나님이 사용하시도록 온전히 맡겨야 합니다. 그러면 무의식에서 고백된 하나님이 우리의 의식 세계에 그의 임재로 충만하게 드러내실 것입니다. 당신이 비록 지금 하나님의 임재를 의식하든 의식하지 못하든 상관없이 이 글을 읽고 있는 당신에게 하나님은 함께하십니다. 아멘.

지금 하나님을 찾으십시오!

지금 하나님을 찾으십시오. 지금이라는 시간이 하나님을 만나는 순간이며 장소입니다. 하나님을 만나기 위해 특별히 구별된 거룩한 장소를 찾을 필요는 없습니다. 하나님은 우리가 생각하고 상상하는 것보다 훨씬 가까이에 계십니다. 하나님은 인간을 흙으로 창조하시고 생기를 그 코에 불어넣으시면서 그 호흡과 함께 우리 안에 들어오신 분이십니다. 우리와 함께하신 하나님을 만나기 위해 우리의 의지나 경건을 의지할 필요가 없습니다. 우리의 경건이 오히려 하나님을 만나는 데 방해가 될 수도 있습니다.

두 가지를 생각해 봅시다. '내 안에 계신 하나님' 혹은 '하나님 안에 있는 나'입니다. 이것에 대해 성경은 모두 표현하고 있습니다. 그런데 우리들은 '내 밖에 계신 하나님' 혹은 '하나님 밖에 있는 나'라는 의식을 가지고 있습니다. 우리의 죄의식은 여기서부터 시작됩니다. 하나님과의 분리 의식은 죄의식을 갖게 할 뿐만 아니라 죄의 유혹에 노출되도록 합니다. 우리가 죄를 짓는 것은 하나님의 임재를 확신하지 못하고 있다는 증거입니다. 탐심은 우상숭배라고 말씀합니다(골 3:5). 탐심은 우리의 관심을 하나님이 아닌 다른 것에 둔 것입니다. 사랑과 관심을 하나님보다 다른 것에 두었기에 우상숭배가 됩니다. 행위적 우상숭배와 심리적 우상숭배가 있다면 후자가 더 근원적입니다.

하나님의 임재 속에 하나님과 연합하기 위해서는 나의 감정이나 의지를 버려야 합니다. 오히려 그냥 포기하는 것이 낫습니다. 잘 모르겠다고 솔직히 시인하는 것이 낫습니다. 시편에서 시인이 고백했던 것처럼 정직한 영을 새롭게 해달라고 기도해야 합니다. 하나님은 나의 감정으로 충분히 느낄 수 있는 분이 아닙니다. 만약 우리가 하나님의 임재에 대해 놀라운 감정적 경험을 했다 하더라도 그것은 하나님에 대한 지식의 빙산의 일각과 같이 작은 것입니다. 그것은 간혹 거짓된 환상 혹은 형상일 수 있습니다. 성경에서도 하나님을 다양하게 표현하지만 완전한 묘사는 하지 않습니다. 성경을 통해 우리 인간들은 하나님을 정확히 정의하기 어렵습니다. 하나님은 스스로 계신 분이십니다. 이것은 인간으로부터 혹은 어떤 피조물로부터 독립되어 있는 존재라는 뜻입니다.

천국을 보고 온 사람들도 마찬가지입니다. 천국을 보고 왔다는 사람들의 간증을 들어보면 모두 차이가 있습니다. 사도 요한도 천국에 대한 모습을 자신의 경험 혹은 세상의 지식으로 표현했습니다. 우리가

'하나님은 이렇다' 하는 순간 하나님을 잘못 보는 것일 수 있습니다. 그래서 토마스 아퀴나스는 '하나님은 이렇다'라고 정의하는 것보다 '하나님은 이렇지 않다' 하고 정의하는 것이 더 정확할 수 있다고 했습니다. 우리는 우리 중심의 관점에 의해 하나님의 임재를 경험하기도 하고 경험하지 않기도 합니다.

이제 우리의 이런 관점을 바꾸어야 합니다. 내 안에 계신 분이 하나님이십니다. 하나님은 나의 호흡을 주관하시는 분이십니다. 하나님이 생명을 우리에게 주셨고 계속해서 우리 안에서 생명의 역사를 이루어 가시는데 그것이 우리에게 주신 호흡입니다. 내 생각, 내 감정으로 하나님께 접근해 가는 것이 아니라 하나님이 나에게 접근해 오시도록 해야 합니다.

하나님의 관점에서 보면 우리는 하나님과 항상 함께 있습니다. 더 정확하게 표현한다면 우리는 항상 하나님 안에 있습니다. 하나님은 너무 광대하시기 때문에 온 우주가 하나님을 담을 수 없습니다. 우주가 오히려 하나님 안에 있습니다. 우리가 그것을 모를 뿐입니다. 갓 태어난 어린 아기가 자기의 부모를 인식하지 못하는 것과 같습니다. 그러나 부모는 그 아기 곁에 있습니다. 있으면서 아기에게 필요한 모든 것을 공급해 줍니다. 갓난아기가 손짓, 발짓, 눈짓 등으로 엄마와 계속 대화하는 것처럼 우리도 하나님과 연합하기 위해서 단지 우리의 고개를 들고 얼굴을 주께로 향하기만 하면 됩니다. 단지 우리의 손을 하나님 손 위에 얹으면 됩니다. 어린 아기가 옹알옹알하듯이 작은 신음만으로도 충분합니다.

하나님을 만나면 눈물이 쏟아지는 것과 같은 특별한 현상이 일어나기를 기대하는 사람들이 있습니다. 그러나 대부분 아무런 변화가 일어나지 않습니다. 이것은 우리의 가족을 생각하면 쉽게 이해됩니다. 자녀들 중에는 아침에 일어나서 부모님께 인사하지 않는 아이들도 있습니다. 일어나기 싫어하는 자녀는 부모가 깨워야 합니다. 부모를 보고 매일 아침 눈물 흘리며 감격하는 자녀는 없습니다. 이것은 삶이요, 현실입니다. 이제 우리가 할 수 있는 것이 무엇입니까? 하나님의 현존을 그대로 받아들이고 내 안에 활동하고 계신 성령님께 나의 삶을 전적으로 복종시키고 하나님과의 더욱더 깊은 친밀함으로 나아가는 것입니다. 하나님과의 친밀함은 다른 것이 아니라 하나님께 나의 모든 주권을 넘겨 드리는 것입니다. 그러면 우리는 하나님의 품속에 있음을 알게 될 것입니다.